PERDÃO

Osho

PERDÃO

A Arte de Aceitar as Pessoas Como Elas São

Tradução
Denise de Carvalho Rocha

Editora Cultrix
SÃO PAULO

Título original: *Forgiveness – The Strength of Forgiveness Lies in Anger.*
Copyright © 2022 **OSHO** International Foundation, www.osho.com/copyrights.
Copyright da edição brasileira © 2023 Editora Pensamento-Cultrix Ltda.
1ª edição 2023.
Os trechos citados neste livro foram selecionados a partir de várias palestras feitas por Osho para uma plateia ao vivo. Todas as palestras de Osho foram publicadas na íntegra em livros e estão disponíveis para o público em forma de arquivos de áudio. Os arquivos de áudio e texto podem ser encontrados *on-line* na biblioteca do site www.osho.com.
OSHO é uma marca registrada da Osho International Foundation, www.osho.com/trademarks.
Todos os direitos reservados. Nenhuma parte desta obra pode ser reproduzida ou usada de qualquer forma ou por qualquer meio, eletrônico ou mecânico, inclusive fotocópias, gravações ou sistema de armazenamento em banco de dados, sem permissão por escrito, exceto nos casos de trechos curtos citados em resenhas críticas ou artigos de revistas.
A Editora Cultrix não se responsabiliza por eventuais mudanças ocorridas nos endereços convencionais ou eletrônicos citados neste livro.

Editor: Adilson Silva Ramachandra
Gerente editorial: Roseli de S. Ferraz
Produção editorial: Indiara Faria Kayo
Editoração eletrônica: Join Bureau
Revisão: Daniela Pita

Dados Internacionais de Catalogação na Publicação (CIP)
(Câmara Brasileira do Livro, SP, Brasil)

Osho, 1931-1990
　Perdão: a arte de aceitar as pessoas como elas são / Osho; tradução Denise de Carvalho Rocha. – 1. ed. – São Paulo: Editora Cultrix, 2023.

　Título original: Forgiveness: the strength of forgiveness lies in anger
　ISBN 978-65-5736-266-2

　1. Perdão 2. Vida espiritual I. Título.

23-165131　　　　　　　　　　　　　　　　　　　　　　　　　　　　　　　　CDD-299.93

Índices para catálogo sistemático:
1. Osho: Filosofia mística 299.93
Cibele Maria Dias – Bibliotecária – CRB-8/9427

Direitos de tradução para o Brasil adquiridos com exclusividade pela
EDITORA PENSAMENTO-CULTRIX LTDA., que se reserva a
propriedade literária desta tradução.
Rua Dr. Mário Vicente, 368 – 04270-000 – São Paulo, SP – Fone: (11) 2066-9000
http://www.editoracultrix.com.br
E-mail: atendimento@editoracultrix.com.br
Foi feito o depósito legal.

Sumário

Introdução.. 9
Uma Nota sobre a Linguagem.......................... 11

1 **Perdão: o Ideal *Versus* o Real**............................ **13**
   A força do perdão reside na raiva 16
   O pedido de desculpas é necessário porque
   não existe relacionamento............................. 18
   Em todos os lugares, há espelhos ao seu redor 25
   Só o estado de alerta pode ajudar quando o
   mundo inteiro está enlouquecido..................... 29
   A maior polidez está livre de toda a formalidade 33
   A sabedoria perfeita não é planejada 39
   A sinceridade perfeita não oferece garantia......... 43

2. Culpa, Pecado e Arrependimento **47**
    Nem o Ganges nem Deus pode perdoar você 53
    Nada purifica como o arrependimento 55
    Comece consigo mesmo 78
    Seja grato a todos 83

3 Deixar de Ser Muitos e Se Tornar Um **91**
    Pai–adulto–criança 92
    A criança diz "desfrute" 94
    Controle dos pais 95
    O triângulo dentro de você 97
    Mova-se no próprio centro 100
    Olhar para trás, olhar para dentro 103

4 O Tao da Entrega **113**
    O homem que perdeu a memória 114
    Sem mente própria 120
    Distração 125
    Presença de espírito 126
    Como se tornar uma criança de novo 129
    Não pense no amanhã 133
    Saudável e inteiro 137
    Punição e recompensa 141

5 Atire a Primeira Pedra............ **153**

Deixe o passado ser passado............ 154

A consciência lhe pertence, a voz da consciência
é emprestada............ 157

Religiosidade é sincronicidade, moralidade é causal...... 161

Seja moral, mas não moralista............ 165

O Monte das Oliveiras está dentro de você............ 168

"Garotos serão garotos"............ 175

Convencidos pela própria consciência............ 184

O Perdão nos Dias de Hoje:
Respostas a Perguntas............ **191**

Você apoia a pena de morte?............ 191

Qual é a lei do karma?............ 192

Jesus disse que seu sacrifício na cruz foi para salvar
o mundo dos pecados do homem. Por favor,
você poderia comentar isso?............ 196

Meus pais judeus não estão felizes com as escolhas
que tenho feito na minha vida. O que devo fazer?.... 207

Posfácio............ **221**

Tudo sobre Osho............ **223**

Introdução

Quando a palavra ou o assunto "perdão" surge nas palestras de Osho, geralmente é como uma consequência – de se tomar consciência, de se "permitir expressar os próprios sentimentos", de perceber que nutrir sentimentos de mágoa ou fantasias de vingança só prejudica a própria pessoa que os nutre. *Perdão*, ao contrário de muitos outros títulos desta série, não é uma palavra que Osho costume usar. No seu nível mais simples (em que a palavra não é uma preocupação), perdão é o que acontece quando largamos (ou, às vezes, processamos) tudo que não é existencial ou significativo aqui e agora na nossa vida.

É nesse ponto que entra uma palavra relacionada a perdão: o "arrependimento". Digamos que alguém tenha "pisado no nosso calo" e nós reagimos: ficamos com raiva. Atacamos a outra pessoa com a intenção de ferir os sentimentos dela, dizemos coisas que preferíamos não ter dito. Essa é uma oportunidade de nos lembrarmos de que a nossa tarefa – a nossa primeira tarefa – é prestar atenção, admitir, reconhecer, assumir a responsabilidade por isso. E, se descobrirmos que realmente agimos inconscientemente e de modo equivocado, nos *arrepender* – de verdade, com plena consciência –, de modo que isso não aconteça mais.

Como descobrimos nestas páginas, um outro nível de "perdão" é uma abordagem exclusivamente religiosa de um problema compartilhado da nossa condição humana – animais não sofrem com esse problema –, que é a nossa tendência para fazer coisas que mais tarde desejamos não ter feito. Ou, no assunto em questão, fazer algo que *queremos* fazer, apesar do fato de nossos pais, nossas igrejas, nossos professores nos dizerem que isso é "pecado" ou "errado". Portanto, precisamos de perdão porque fizemos isso de qualquer maneira. No contexto judaico-cristão, passamos muito tempo orando para nos livrarmos do mal, para não cairmos em tentação, depois para sermos perdoados quando nos desviamos. O perdão é o pré-requisito para sermos felizes ou salvos.

No Oriente, por outro lado, a ideia de "karma" abrange a maioria dessas coisas. O inferno em que estamos vivendo agora é consequência natural das nossas más ações no passado. A felicidade que sentimos agora, as riquezas ou a nossa boa reputação são a nossa recompensa por termos nos comportado bem no passado. E, além disso, enquanto o Cristianismo nos dá apenas uma vida para resolver tudo isso, as religiões orientais nos dão muitas vidas. O "perdão" é só um ator coadjuvante no drama kármico em que todos estamos envolvidos aqui. Podemos levar o tempo que for;

não há um "dia do juízo final" no horizonte, em que teremos que "correr contra o tempo" ou ser condenados para sempre.

Neste livro, Osho destrincha todas as nuances do perdão, examina todas as suas raízes e lança luz sobre as intersecções entre as abordagens oriental e ocidental a esse conceito (e aos conceitos relacionados do pecado e da culpa, da vergonha e do arrependimento, e suas consequências passadas, presentes e futuras).

Uma nota sobre a linguagem

Os livros de Osho não são "escritos", mas transcritos das gravações de suas palestras. Essas conversas são extemporâneas, sem referência a notas que não sejam cópias de perguntas, histórias ou escrituras que ele foi convidado a comentar, ou anedotas que ele pode usar para enfatizar um ponto específico. Ele pediu aos seus editores que preservassem essa característica de palavra falada em seus livros impressos.

> Ao ouvi-lo falar, fica bem claro para o ouvinte que, geralmente, quando Osho fala "homem", ele está se referindo aos "seres humanos". Seu uso do pronome padrão "ele" simplesmente serve para facilitar e seguir o fluxo da fala. De maneira alguma isso implica que o pronome "ela" (ou "eles") esteja sendo excluído ou desconsiderado.
> – Sarito Carol Neiman, compiladora e editora da Osho International Foundation

1

Perdão: O Ideal *Versus* o Real

Temos falado sobre amor há milhares de anos, mas onde está o amor em nossa vida? Temos falado sobre o perdão e sobre servir à humanidade, mas onde está o perdão e onde está o serviço à humanidade? E nosso serviço à humanidade e o nosso perdão passaram a ser subservientes aos nossos interesses pessoais mais profundos. Alguém quer alcançar a libertação ou ir para o céu – é por isso que essa pessoa perdoa e faz caridade. Mas são de fato perdão e caridade, ou é uma barganha? Alguém quer encontrar a sua alma, por isso serve aos pobres. Mas essa pessoa está realmente servindo aos pobres ou está apenas fazendo de uma pessoa pobre um instrumento para atender aos seus próprios interesses?

Todo esse serviço social, toda essa caridade, todo esse perdão e todo essa bobagem de não violência esconde a pessoa real que existe lá dentro de nós. E essa pessoa real que existe ali – somente ela existe. Se alguma coisa tem que acontecer, então tem que acontecer através dessa pessoa. Qualquer tipo de revolução na vida, qualquer tipo de mudança na vida – qualquer coisa que precise acontecer – tem que acontecer através desse ser humano real. Tem que acontecer através dessa pessoa real que eu sou, que você é. Nada vai acontecer através de quaisquer ideais.

Mas nós nos escondemos atrás de ideais. Um homem mau, ao tentar se tornar bom, pode esquecer que ele é um homem mau – ele quer esquecer que ele é uma pessoa má. É assim que todas essas pessoas se apegam a bons ideais.

Se alguém fala sobre ideais elevados, então saiba que existe uma pessoa ruim presente dentro dele. Se não existe uma pessoa má presente ali dentro, então ela simplesmente não pode falar sobre "ideais elevados" – porque a própria pessoa vai ser boa! Então falar sobre o quê? Quando é que a questão de ideias elevados vem à baila?

"Ideal elevado" é um truque da pessoa má que está escondida dentro nós, e é um truque muito sutil pelo qual nos defendemos. Ao tentarmos nos tornar bons, esquecemos o mal. Mas, enquanto o mal estiver presente dentro de uma pessoa, ela pode ser boa? Podemos tentar de mil e uma maneiras, mas seja o que for que fizermos, a pessoa ruim vai voltar a surgir dentro de nós.

>
> Tem que acontecer através dessa pessoa real que eu sou, que você é. Nada vai acontecer através de quaisquer ideais.

Essa é a realidade ao nosso redor, mas talvez você tenha perdido a capacidade de vê-la. A pessoa ruim está presente dentro de você, aquela que está cheia de violência e ódio. O que quer que você possa fazer, qualquer que seja o ato virtuoso que possa praticar, como essa pessoa ruim está presente por trás do seu ato virtuoso, será uma enganação. Por trás desse ato, a realidade é outra. Talvez não seja visível de fora; talvez não seja visível aos outros, mas você vai ter a capacidade de ver.

E, se você pode ver, então pode começar a jornada para conquistar uma mente saudável; você pode percorrer o caminho para ser um ser saudável. Portanto, a primeira coisa é dar o primeiro passo nessa jornada, o primeiro passo na direção de adquirir uma mente saudável, uma consciência saudável.

A primeira coisa é ver a verdade com relação a si mesmo *como um fato*, e não como o seu ideal. Qual é a sua realidade? Não qual é a sua ideologia, não em que você acredita, mas o que você é? Qual é a sua realidade?

Se estiver pronto para saber isso – e somente se estiver pronto –, você pode deixar de lado essa ideia sem sentido da sua mente: a ideia de que você pode mudar, de que você pode se transformar tendo ideais e competindo para ter os ideais mais elevados. Ninguém jamais foi transformado por um ideal. A

Ninguém jamais foi transformado por um ideal. A partir de fora, pode parecer que a pessoa mudou, mas a mesma pessoa de antes estará presente lá dentro.

partir de fora, pode parecer que a pessoa mudou, mas a mesma pessoa de antes estará presente lá dentro.

A força do perdão reside na raiva

Toda a humanidade ficou esquizofrênica. A mente do homem está dividida em partes, em fragmentos, e há uma razão para isso: nós encaramos a totalidade da vida como se ela fosse composta de várias partes e colocamos uma parte contra a outra.

O homem é um só, mas criamos divisões dentro de nós e também determinamos que essas divisões são contrárias umas às outras. Fazemos isso em todas as esferas da vida. Dizemos a uma pessoa: "Não fique com raiva, saiba perdoar", sem perceber que a diferença entre a raiva e o perdão é somente de graus.

Como acontece entre o frio e o quente, entre a infância e a velhice, podemos dizer que a raiva, reduzida ao seu menor grau, é perdão – não existe nenhuma dicotomia entre eles. Mas todos os preceitos antigos da humanidade nos ensinam: "Livre-se da raiva e cultive o perdão". Como se a raiva e o perdão fossem coisas tão opostas que você pode se livrar da raiva e ficar só com o perdão. Tal coisa só faz com que as pessoas acabem se dividindo em fragmentos e arranjem mais problemas para elas.

Na vida, tudo está integrado. É como as notas de uma grande sinfonia. Se você cortar alguma coisa, se verá em dificuldade. Alguém pode dizer que a cor preta significa o mal. É por isso que ninguém pode usar preto em casamentos; o preto só é permitido na morte de alguém. Há pessoas que acreditam que o preto é um sinal do mal, e há pessoas que acreditam que o branco é um sinal de pureza. Num sentido simbólico, não há problema em se fazer essas distinções, mas, se alguém vier a dizer: "Vamos nos livrar do preto; vamos eliminar o preto da face da terra", lembre-se: eliminando o preto, restará muito pouco branco, porque o branco só se destaca em toda a sua nitidez quando está contra um fundo preto.

O professor escreve num quadro-negro com giz branco. Ele está maluco? Por que não escreve na parede branca? É claro que ele pode escrever numa parede branca, mas as letras não vão aparecer. O branco aparece por causa do fundo preto; o preto está, na realidade, fazendo com que o branco se destaque. E, lembre-se, alguém que se oponha a qualquer lado de uma dualidade faz com que o outro fique monótono e desbotado também.

Se a pessoa for contra a demonstração da raiva, seu perdão será fraco.

> Só aquele que é capaz de ficar com raiva tem o poder de perdoar. Quanto mais feroz a raiva, maior será o perdão.

A força do perdão está na raiva; só aquele que é capaz de ficar com raiva tem o poder de perdoar. Quanto mais feroz a raiva, maior será o perdão. O próprio poder da raiva emprestará seu brilho ao ato de perdoar. Na falta da raiva, o perdão parecerá totalmente sem brilho, absolutamente sem vida, morto.

O pedido de desculpas é necessário porque não existe relacionamento

> *Se um homem pisar no pé de um estranho no mercado, ele pede desculpas educadamente e oferece uma explicação: "Este lugar está tão lotado!"*
>
> *Se um irmão mais velho pisar no pé do irmão mais novo, ele diz, "Desculpe", e só isso.*
>
> *Se um pai pisar no pé do filho, não vai dizer nada.*
>
> *A maior polidez está livre de toda formalidade. A conduta perfeita é livre de preocupação.*
>
> *A sabedoria perfeita não é planejada. O amor perfeito é livre de demonstrações.*
>
> *A sinceridade perfeita não oferece garantia.*
>
> – CHUANG TZU

O pedido de desculpas é necessário porque não existe relacionamento. O outro é um estranho: a explicação é necessária porque não existe amor.

Se houver amor, não há necessidade de uma explicação; o outro vai entender. Se houver amor, não há necessidade de desculpas; o outro vai entender. O amor sempre entende, por isso não existe moralidade superior ao amor – não pode existir.

O amor é a lei mais elevada – mas, se ele não existir, substitutos são necessários. Se você pisar no pé de um desconhecido no mercado, um pedido de desculpas será necessário – e uma explicação, também: "Este lugar é tão lotado".

Com relação a isso, é preciso entender uma coisa: no Ocidente, até um marido pedirá desculpas; uma esposa oferecerá uma explicação. Isso significa que o amor desapareceu; significa que todo mundo se tornou um estranho, que não existe lar – que qualquer lugar se tornou um mercado.

No Oriente, é impossível conceber tal estado, mas os ocidentais acham que os orientais são rudes. O marido nunca vai dar uma explicação – não há necessidade, porque não somos estranhos, e o outro pode entender. Se o outro não consegue entender, só nesse caso um pedido de desculpas é necessário. E se o amor não pode entender, que bem vai fazer um pedido de desculpas?

Se o mundo se tornar um lar, todas as desculpas vão desaparecer, todas as explicações vão desaparecer. Você dá explicações porque você não tem certeza sobre o outro. A explicação é um truque para evitar o conflito; o pedido de desculpas é um dispositivo para evitar conflitos.

Mas o conflito existe e você tem medo dele – essa é uma maneira civilizada de sair do conflito. Você pisou no pé de um desconhecido. Você olha – a violência está nos olhos da pessoa, ela ficou agressiva, vai bater em você. O pedido de desculpas é necessário, e a raiva dela vai diminuir com o pedido de desculpas. É um truque – você não precisa ser autêntico no seu pedido de desculpas; é apenas um dispositivo social. Funciona como um lubrificante. Por isso você dá uma explicação, apenas para dizer: "Não sou responsável, o lugar está tão lotado... É um mercado; o que se pode fazer, foi inevitável". A explicação é para dizer que você não foi responsável.

O amor é sempre responsável, esteja o local lotado ou não, porque o amor está sempre consciente e alerta. Você não pode transferir a responsabilidade para a situação: você é o responsável. Veja esse fenômeno – o pedido de desculpas é um dispositivo, como um lubrificante, para evitar o conflito. E a explicação está transferindo a responsabilidade para outra coisa. Você não diz: "Eu estava inconsciente, desatento, por isso pisei no seu pé". Você diz: "O lugar está tão lotado!" Uma pessoa consciente não pode fazer isso – e se você continuar fazendo, nunca vai se tornar verdadeiramente religioso.

Pois a verdadeira religiosidade significa assumir toda a responsabilidade – sem evitar, sem fugir. Quanto mais responsável você for, mais consciência surgirá dessa responsabilidade; quanto menos você se sentir responsável, mais e mais inconsciente se tornará. Sempre que sentir que não é responsável, você vai adormecer.

E isso aconteceu – não só em relacionamentos entre indivíduos, mas em todos os níveis da sociedade, isso aconteceu. O Marxismo diz que a sociedade é responsável por tudo. Se uma pessoa é pobre, a sociedade é responsável; se alguém é ladrão, a sociedade é responsável. Você não é responsável, nenhum indivíduo é responsável. O

> O amor é sempre responsável, esteja o local lotado ou não, porque o amor está sempre consciente e alerta. Você não pode transferir a responsabilidade para a situação: você é o responsável.

Marxismo transfere toda a responsabilidade para a sociedade; você não é responsável.

Veja a atitude religiosa, que é totalmente diferente, qualitativamente diferente. Uma pessoa religiosa se considera responsável: se alguém está pedindo esmolas, se existe um mendigo ali, eu sou responsável. O mendigo pode estar no outro extremo do planeta; eu posso não conhecê-lo, eu posso não cruzar o caminho dele, mas, se existir um mendigo, eu sou responsável. Se houver uma guerra em algum lugar – em Israel, no Vietnã, em qualquer lugar –, eu posso não estar participando de nenhuma maneira visível, mas eu sou responsável.

Eu estou aqui. Não posso transferir a responsabilidade para a sociedade.

O que você quer dizer quando diz "sociedade"? Onde é essa sociedade? Essa é uma das maiores fugas. Somente os indivíduos existem; você nunca vai encontrar uma sociedade. Você nunca será capaz de apontar para uma sociedade e dizer: "Esta é a sociedade". Em todo lugar o indivíduo tem uma existência concreta, e a sociedade é apenas uma palavra.

Onde está a sociedade? As civilizações antigas criaram um truque. Elas diziam: Deus é responsável, o destino é responsável. Agora o comunismo faz o

> Você nunca será capaz de apontar para uma sociedade e dizer: "Esta é a sociedade". Em todo lugar o indivíduo tem uma existência concreta, e a sociedade é apenas uma palavra.

mesmo jogo, dizendo que a sociedade é responsável. Mas onde está a sociedade? Deus pode estar em algum lugar; a sociedade não está em lugar nenhum, existem apenas indivíduos. A religiosidade diz: sou responsável. Nenhuma explicação é necessária para evitá-la.

E lembre-se de uma outra coisa: sempre que você se sente responsável por toda a feiura – por toda a bagunça, anarquia, guerra, violência, agressão –, de repente fica alerta. A responsabilidade penetra no seu coração e o torna consciente.

Quando você diz: "Este lugar está muito lotado", você continua andando por aí adormecido. Na verdade, você pisa no pé do desconhecido não porque o lugar esteja lotado, mas porque você está inconsciente. Você está andando por aí como um sonâmbulo, andando enquanto está dormindo. Quando pisa no pé de alguém, de repente você fica consciente, porque agora há um perigo. Você pede desculpas, "O lugar está lotado!" Então, você adormece e começa a andar novamente.

O que você de fato está fazendo quando se desculpa? Seu sono é interrompido, você estava andando enquanto sonhava – você devia estar sonhando, imaginando, algo estava acontecendo na sua mente – e então você pisa no pé de alguém. Não que o lugar estivesse lotado – você teria tropeçado mesmo que não houvesse ninguém ali. Se só houvesse algumas pessoas ali, mesmo assim você teria pisado no pé de alguém. É você, sua inconsciência, seu comportamento inconsciente. Um Buda não pode tropeçar, mesmo que esteja num mercado, porque ele anda com plena consciência. Tudo o que ele está fazendo, ele está fazendo de forma consciente.

E se ele pisar no seu pé, significa que ele pisou conscientemente; deve haver algum propósito nesse gesto. Pode ser apenas para ajudá-lo a acordar – apenas para fazer você acordar, ele pode ter pisado no seu pé. Mas ele não dirá que "o lugar está lotado"; ele não vai dar nenhuma explicação.

As explicações são sempre enganosas. Elas parecem lógicas, mas são falsas. Você dá explicações apenas quando precisa esconder alguma coisa.

Você pode observar e reparar nisso em sua própria vida. Isso não é uma teoria, é um simples fato da experiência de todos – você só dá explicações quando quer esconder alguma coisa. A verdade não precisa de explicação.

Quanto mais você mente, mais explicações são necessárias. Existem tantas escrituras porque o homem mente demais; por isso as explicações são necessárias para esconder as mentiras.

Você só dá explicações quando quer esconder alguma coisa.

Você tem que dar uma explicação, então essa explicação precisará de mais explicações, e assim por diante. É uma regressão infinita. E mesmo com a última explicação, nada é explicado. A mentira básica continua sendo uma mentira – você não pode converter uma mentira numa verdade apenas explicando-a. Você pode pensar que pode, mas nada é explicado com explicações.

Uma vez aconteceu...

O Mulá Nasruddin fez sua primeira viagem de avião e estava com medo, mas não queria que ninguém soubesse. Isso acontece com todos em sua primeira viagem de avião. Ninguém quer que todos saibam que é a primeira vez. Ele queria se comportar com indiferença, por isso caminhou com muita confiança. Essa confiança era a explicação: "Eu sempre viajo de avião". Então ele se acomodou em seu assento e queria dizer algo apenas para se sentir à vontade, porque sempre que você começa a falar, se sente confiante; a conversa faz com que não sinta tanto medo. Então Nasruddin falou com o passageiro ao lado dele.

Ele olhou pela janela e disse: "Nossa, que altura! As pessoas parecem formigas".

O outro homem disse: "Senhor, ainda não decolamos. São de fato formigas".

Explicações não podem esconder nada. Pelo contrário, elas revelam. Se você puder ver, se tiver olhos, toda explicação é transparente. Teria sido melhor se Nasruddin ficasse em silêncio. Mas não tente usar o silêncio como uma explicação – como explicação, ele não tem utilidade. Seu silêncio será revelador, e suas palavras revelarão.

É melhor não ser mentiroso; se não for, você não precisará dar nenhuma explicação. É melhor ser verdadeiro – a coisa mais fácil é ser verdadeiro e autêntico. Se você tem medo, é melhor dizer: "Estou com medo" e, aceitando o fato, seu medo desaparecerá.

A aceitação é um milagre. Se você aceita que tem medo e diz: "Esta é a minha primeira viagem", de repente sente uma mudança acontecendo em você.

O medo básico não é medo. O medo básico é o medo do medo: "Ninguém deve saber que eu estou com medo. Ninguém deve saber que sou um covarde". Mas todo mundo é covarde numa situação nova – e numa situação nova, ser corajoso é pura tolice! Ser covarde significa apenas que a situação é tão nova que sua mente não pode fornecer nenhuma resposta; o passado não pode dar respostas, então você está tremendo. Mas isso é bom! Por que tentar receber uma resposta da mente? Trema e deixe a resposta vir da sua consciência presente. Você é sensível, isso é tudo – não mate essa sensibilidade através de explicações.

> O medo básico não é medo. O medo básico é o medo do medo: "Ninguém deve saber que eu estou com medo. Ninguém deve saber que sou um covarde".

Da próxima vez que começar a dar uma explicação, fique atento: o que você está fazendo? Tentando esconder algo? Tentando explicar algo? Nada desse tipo será de qualquer ajuda.

Em todos os lugares, há espelhos ao seu redor

Um homem que tinha enriquecido não fazia muito tempo foi a uma praia, a mais cara, a mais exclusiva, e ele estava gastando feito louco apenas para influenciar as pessoas ao seu redor. No dia seguinte, enquanto nadava no mar, a esposa dele se afogou. Ela foi levada para a praia; uma multidão se reuniu, então ele perguntou: "O que estão fazendo?" Um homem disse: "Vamos fazer uma respiração artificial na sua esposa".

O homem disse: "Nada disso; dê a ela a coisa de verdade. Eu posso pagar".

Se um irmão mais velho pisar no pé do irmão mais novo, ele diz, "Desculpe", e só isso.

Seja o que for que você faça, seja o que for que você não faça – seja o que for que você diga, seja o que for que você não diga – revele-se. Em todos os lugares, há espelhos ao seu redor. Todas as outras pessoas são como um espelho; toda situação é como um espelho – quem você acha que está enganando? E se enganar passar a ser um hábito, no final das contas você terá enganado a si mesmo e a mais ninguém. É a sua vida que você está desperdiçando com enganos.

Chuang Tzu diz: "As explicações mostram que você não é verdadeiro, que você não é autêntico".

Se um pai pisar no pé do filho, não vai dizer nada.

Dois irmãos – se a relação é mais íntima, se o outro não é um estranho –, então nenhuma explicação é necessária. O irmão simplesmente diz "desculpe"; ele aceita a culpa. Ele diz: "Tenho andado inconsciente". Ele não está transferindo a responsabilidade para outra coisa: ele aceita e é só isso. A relação é mais próxima.

Não há necessidade; o relacionamento é ainda mais próximo, mais íntimo. Existe amor, e esse amor vai ser suficiente. Nenhum substituto é necessário, nenhuma explicação, nenhuma desculpa.

Mas todas essas perfeições precisam de uma coisa, que é a consciência espontânea; de outro modo, você sempre terá moedas falsas, rostos falsos. Você pode ser sincero – mas, se você tiver que fazer algum esforço, então essa sinceridade é apenas formal. Você pode ser amoroso – mas se o seu o amor precisa de esforço, se o seu amor for do tipo que Dale Carnegie fala em *Como Fazer Amigos e Influenciar Pessoas* – se for esse tipo de amor, não pode ser real. Você o manipula. Nesse caso, até a amizade é um negócio.

Cuidado com as Dale Carnegies: são pessoas perigosas; elas destroem tudo o que é real e autêntico. Elas lhe mostram como "ganhar amigos"; ensinam truques, técnicas. Tornam você eficiente; lhe dão o *know-how*. Mas o

A maior polidez está livre de toda formalidade. A conduta perfeita é livre de preocupação. A sabedoria perfeita não é planejada. O amor perfeito é livre de demonstrações. A sinceridade perfeita não oferece garantia.

Cuidado com as Dale Carnegies: são pessoas perigosas; elas destroem tudo o que é real e autêntico.

amor não tem nenhum *know-how*; não pode ter. O amor não precisa de treinamento. E a amizade não é algo que você tenha que aprender – uma amizade aprendida não será uma amizade, será apenas exploração. Você está explorando o outro e o enganando; você não é verdadeiro; essa é uma relação comercial.

Mas nos Estados Unidos, tudo se tornou negócio – a amizade e o amor também. E os livros de Dale Carnegie venderam milhões de exemplares, centenas de edições, ao lado apenas da Bíblia. Ninguém sabe ser amigo; tem que ser aprendido. Cedo ou tarde haverá faculdades para o amor, cursos de treinamento, lições que você pode aprender e aplicar.

E o problema é que, se você for bem-sucedido, estará perdido para sempre, porque o real nunca acontecerá a você; a porta estará completamente fechada. Depois que você se torna eficiente numa determinada coisa, a mente resiste à mudança. A mente diz que este é o atalho, e você o conhece bem. Então, por que escolher outro caminho? A mente é sempre pela menor resistência.

É por isso que as pessoas inteligentes nunca são capazes de amar. Elas são tão espertas que começam a manipular. Não dirão o que está no coração delas, dirão o que agradará ao outro. Vão olhar para a outra pessoa e ver o que ela quer que digam. Elas não vão falar de coração; apenas criarão uma situação na qual o outro seja enganado. Maridos enganando esposas, esposas enganando maridos, amigos enganando amigos...

O mundo inteiro se tornou apenas uma multidão de inimigos. Existem apenas dois tipos de inimigos: aqueles que você não é capaz de enganar e aqueles que você conseguiu enganar. Essa é a única diferença. Então, como pode haver êxtase na sua vida?

Portanto, isso não é um aprendizado. A autenticidade não pode vir através da escolarização. A autenticidade vem através da consciência: se você é consciente, se vive de um modo consciente. Veja a diferença: viver com consciência significa viver abertamente – não esconder, não fazer joguinhos. Estar alerta significa estar vulnerável e, aconteça o que acontecer, deixar acontecer. Você aceita, mas nunca se compromete; você nunca compra nada desistindo da sua consciência. Mesmo que você fique totalmente sozinho, aceitará ser deixado sozinho, mas você vai querer estar conscientemente alerta. Somente nesse estado de alerta, a verdadeira transformação começa a acontecer.

Só o estado de alerta pode ajudar quando o mundo inteiro está enlouquecido

Vou contar a você uma história:

Aconteceu uma vez, nos tempos antigos: havia um rei que era também astrólogo. Ele tinha um profundo interesse em estudar as estrelas. De repente, sentiu pânico em seu coração porque descobriu que a colheita do ano seguinte seria perigosa. Quem comesse da colheita do ano seguinte enlouqueceria.

Então ele ligou para o primeiro-ministro, seu assessor e conselheiro, e disse a ele o que iria acontecer, que era uma certeza. "As estrelas não deixam dúvida: a combinação dos raios cósmicos fará com que a colheita deste ano seja venenosa. Acontece raramente, em milhares de anos, mas isso vai acontecer este ano, e quem comer dessa colheita vai enlouquecer. Então... o que devemos fazer?"

O primeiro-ministro disse: "É impossível abastecer a todos com a colheita do ano passado, mas uma coisa pode ser feita: você e eu podemos viver da colheita do ano passado. A colheita do ano passado pode ser reunida, requisitada. Não há problema; para mim e para você será o suficiente".

O rei disse: "Isso não me agrada. Desse modo, todo o meu povo, tão dedicado a mim, vai enlouquecer: mulheres, santos e sábios, servos devotados, todos os meus súditos, até mesmo as crianças. E não me agrada ficar de fora; não valeria a pena salvar apenas eu e você. Isso não vai funcionar. Prefiro ficar louco com todo mundo".

"Mas tenho outra sugestão", disse o rei. "Eu vou marcar a sua cabeça com o selo da loucura, e você marcará a minha cabeça com o selo da loucura."

"Mas", perguntou o primeiro-ministro, "em que isso vai ajudar?"

O rei disse: "Ouvi dizer que é um dos pilares antigos de sabedoria, então vamos tentar. Depois que todo mundo enlouquecer – depois que nós enlouquecermos – sempre que eu olhar para a sua testa, eu vou lembrar que sou louco. E sempre que você olhar para a minha testa, você vai se lembrar de que é louco".

O primeiro-ministro ainda estava intrigado; ele disse: "Mas o que isso vai adiantar?"

O rei disse: "Eu ouvi sábios dizerem que, se você conseguir se lembrar de que está louco, você não estará mais louco".

Um louco não consegue se lembrar de que é louco. Um homem ignorante não consegue se lembrar de que é ignorante. Um homem que está sonhando não consegue se lembrar de que está sonhando. Se nos seus sonhos você ficar alerta e souber que está sonhando, o sonho se interrompe; você ficará totalmente acordado. Se conseguir entender que é ignorante, a ignorância acaba.

Os ignorantes continuam acreditando que são sábios, e os loucos pensam que são os únicos realmente sãos. Quando alguém se torna realmente sábio, torna-se sábio passando a reconhecer sua ignorância.

Então, o rei disse: "Vamos fazer isso".

Não sei o que aconteceu; a história termina aqui, mas ela faz muito sentido.

Só o estado de alerta pode ajudar quando o mundo inteiro está enlouquecido, nada mais. Afastar-se do mundo, ir para o Himalaia, não será de grande ajuda. Se todo mundo ficar louco, você vai enlouquecer porque você faz parte e é uma parcela de todos; é uma totalidade, uma totalidade orgânica. Como pode se separar?

> Quando alguém se torna realmente sábio, torna-se sábio passando a reconhecer sua ignorância.

Como pode ir para o Himalaia? No fundo, você continua fazendo parte do todo. Mesmo morando no Himalaia, você se lembrará de seus amigos; eles vão aparecer em seus sonhos, você pensará neles. Você vai se perguntar o que eles estão pensando de você – você vai continuar se relacionando.

Você não pode sair do mundo. Não há lugar fora do mundo; o mundo é um continente. Ninguém pode ser uma ilha – até mesmo as ilhas estão ligadas ao continente no fundo. Você só pode pensar superficialmente que está separado, mas ninguém pode estar separado.

O rei era realmente sábio. Ele disse: "Isso não vai funcionar. Não vou ficar de fora; vou ser igual a todos, e isto é o que eu vou fazer: vou tentar lembrar que estou louco, porque, quando você esquece que está louco, você fica realmente louco. Isso é o que deve ser feito".

Onde quer que você esteja, lembre-se de si mesmo: de que você *existe*. Essa consciência de que você existe deve se tornar uma continuidade. Não o seu nome, a sua casta, a sua nacionalidade – essas são coisas fúteis, absolutamente inúteis. Apenas lembre-se: "eu existo"; isso não deve ser esquecido. Isso é o que os hindus chamam de "autorrecordação", o que Buda chamava atenção plena correta, o que Gurdjieff costumava chamar de lembrança de si mesmo, o que Krishnamurti chama de consciência. Essa é a parte mais substancial da meditação, lembrar que "eu existo".

Andando, sentado, comendo, conversando, lembre-se disso: eu existo. Nunca se esqueça. Vai ser difícil, muito árduo. No começo você vai continuar esquecendo; haverá apenas momentos únicos em que você vai se sentir iluminado, depois vai se esquecer. Mas não fique infeliz; até momentos únicos são bons. Continue, sempre que puder se lembrar – lembre-se novamente, pegue o fio da meada outra vez. Se você se esquecer, não se preocupe – lembre-se novamente, volte a pegar o fio da meada, e aos poucos as lacunas diminuirão, os intervalos começarão a diminuir, surgirá uma continuidade.

E sempre que sua consciência se torna contínua, você não precisa usar a mente. Não há planejamento, você age a partir da sua consciência, não a partir da mente. Daí em diante, não há necessidade de nenhum pedido de desculpas, não há necessidade de dar nenhuma explicação. Você passa a ser o que você é; não há nada mais a esconder. Seja o que você for, você é; você não pode fazer nada a respeito. Você só pode estar num estado de lembrança contínua. Por meio dessa lembrança, dessa atenção plena, vem a autêntica religião, vem a autêntica moralidade.

A maior polidez está livre de toda formalidade

Se você não é formal, ninguém é um estranho. Esteja você no mercado ou numa rua movimentada, ninguém é estranho; todo mundo é amigo. Não só amigo, na verdade: todo mundo é apenas uma extensão de você. Por isso a formalidade não é necessária. Se eu piso no meu próprio pé – o que é difícil –, eu não vou dizer "desculpe" e não direi a mim mesmo: "O lugar está muito lotado!"

Quando eu piso no seu pé, estou pisando no meu próprio pé. A mente que está totalmente alerta sabe que a consciência é uma só, a vida é uma só, o ser é um só, a existência é uma só; nada é fragmentado. A árvore florida ali sou eu numa forma diferente; a pedra que está ali no chão sou eu numa forma diferente. Portanto, toda a existência torna-se uma unidade orgânica –

orgânica, a vida fluindo através dela, não é mecânica. Uma unidade mecânica é uma coisa diferente – ela está morta. O carro é uma unidade mecânica; não há vida nele, e é por isso que você pode substituir uma peça do carro por outra. Cada parte é substituível. Mas você pode substituir um ser humano? Impossível!

Quando uma pessoa morre, um fenômeno único desaparece – desaparece completamente, você não pode substituí-lo. Quando sua esposa morre ou seu marido morre, como você pode substituí-los? Você pode arranjar outra esposa, mas ela será outra esposa, não uma substituta. E a sombra da primeira sempre estará lá; a primeira não pode ser esquecida, sempre estará lá. Pode se tornar uma sombra, mas mesmo as sombras do amor são substanciais.

A vida é uma unidade orgânica. Eu digo que você não pode nem mesmo substituir uma planta, porque cada planta é única; você não pode encontrar outra, a mesma planta não pode ser encontrada. A vida tem uma qualidade de unicidade. Até mesmo uma pedrinha é única – você pode percorrer o mundo todo em busca de uma pedra idêntica e não conseguirá encontrar. Como pode substituí-la? Essa é a diferença entre a unidade orgânica e a unidade mecânica. A unidade mecânica depende das suas peças; as peças são substituíveis, não são únicas. A unidade orgânica depende do todo, não das peças. As peças não são

Então a sua vida se torna real, autêntica, espontânea. Ela não é formal; você não segue nenhuma regra.

de fato peças, não estão separadas do todo – elas são uma coisa só, não podem ser substituídas.

Quando você se torna alerta para a chama interior do seu ser mais íntimo, de repente fica alerta de que não é uma ilha; você é um vasto continente, um continente infinito. Não há limites separando você desse continente. Todos os limites são falsos, um faz-de-conta. Todos os limites estão na mente; na existência não há limites. Então, quem é estranho? Quando você pisa no pé de alguém, é você; você pisou no seu próprio pé. Nenhum pedido de desculpas é necessário, nenhuma explicação é necessária. Não existe mais ninguém, existe apenas um único ser.

Então, a sua vida se torna real, autêntica, espontânea. Ela não é formal; você não segue nenhuma regra. Você passa a conhecer a lei suprema: agora as regras não são necessárias. Você se tornar a lei – não há mais necessidade de lembrar as regras agora.

A maior polidez está livre de toda formalidade.

Aconteceu de Confúcio ir visitar Lao-Tzu, o filho do mestre Chuang Tzu. E Confúcio era a própria imagem da polidez formal. Ele foi o maior formalista do mundo; o mundo nunca conheceu um formalista maior. Ele era só boas maneiras, formalidade, cultura, etiqueta. Ele foi visitar Lao-Tzu, seu oposto polar.

Confúcio era muito velho, e Lao-Tzu não era tão velho assim. Portanto, se quisesse ser formal, quando Confúcio entrou, Lao-Tzu deveria ficar de pé para recebê-lo. Mas ele continuou sentado. Confúcio não conseguia acreditar que um mestre tão grande, conhecido em todo o país por sua humildade, pudesse ser tão indelicado! Ele tinha que falar sobre isso.

Imediatamente, ele disse: "Isso não está certo. Sou mais velho do que você". Lao-Tzu riu alto e disse: "Ninguém é mais velho do que eu. Eu existia antes de tudo existir. Confúcio, nós somos da mesma idade, tudo tem a mesma idade. Desde a eternidade nós já existimos, então não carregue esse fardo da velhice. Sente-se".

Confúcio tinha ido fazer algumas perguntas. Ele disse: "Como um homem religioso deve se comportar?"

Lao-Tzu disse: "Se o "como" entrar em cena, não vai existir religião. O "como" não é importante para um homem religioso. O "como" mostra que você não é religioso, mas quer se comportar como uma pessoa religiosa – é por isso que você pergunta como".

Um amante pergunta como se deve amar? Ele ama! Na verdade, só depois ele percebe que estava apaixonado. Pode ser que, quando o amante se for, ele perceba que está apaixonado. Ele simplesmente ama. Acontece. É um acontecimento, não uma ação.

Qualquer coisa que Confúcio perguntava, Lao-Tzu respondia de tal maneira que Confúcio ficou muito perturbado: "Este homem é perigoso!" Ele voltou; seus discípulos perguntaram: "O que aconteceu, que tipo de homem é esse Lao-Tzu?"

Confúcio disse: "Não se aproximem dele. Vocês podem já ter visto serpentes perigosas, mas nada se compara a esse homem. Vocês podem ouvir falar de leões ferozes, mas eles não são nada diante desse homem. Esse homem é um dragão andando sobre a terra; ele pode nadar no mar, ele pode ir até os confins do céu – ele é muito perigoso. Ele não é para nós, pequeninos. Somos muito pequenos. Ele é perigoso, vasto como um abismo. Não se aproximem dele; caso contrário, vão ficar tontos e podem cair. Até eu me senti tonto. Não consegui entender o que ele disse; ele está além da compreensão".

É inevitável que Lao-Tzu fique além da compreensão se você tentar entendê-lo através da formalidade; caso contrário, ele é simples. Mas, para Confúcio, ele é difícil, quase impossível de entender, porque ele vê através das formas, e Lao-Tzu não tem forma nem formalidade. Sem nome, sem qualquer forma, ele vive no infinito.

Lao-Tzu estava sentado, Confúcio esperava que ele se levantasse. Quem foi realmente educado? Confúcio esperando que Lao-Tzu se levantasse, lhe desse as boas-vindas e o recebesse porque ele é mais velho, isso foi simplesmente egoísta. O ego assumiu a forma de idade, senioridade. Mas Confúcio não podia olhar diretamente nos olhos de Lao-Tzu, porque

Uma pessoa sábia vive o momento presente sem nunca planejar.

Lao-Tzu estava certo. Ele estava dizendo: Somos da mesma idade. Na verdade, somos iguais. A mesma vida que flui em você flui em mim. Você não é superior a mim; não sou superior a você. Não existe essa questão de superioridade e inferioridade, nem questão de quem é mais jovem e de quem é mais velho. Não existe questão nenhuma; nós somos um.

Se Confúcio tivesse olhado naqueles olhos e visto que eles eram divinos. [...] Mas um homem cujos próprios olhos estão cheios de leis, regras, regulamentos, formalidades, é quase cego; ele não é capaz de enxergar.

Você tem uma boa conduta porque está preocupado. Você se comporta bem porque está preocupado.

Outro dia, um homem veio até mim. Ele disse: "Eu gostaria de dar o salto; gostaria de me tornar seu discípulo, mas tenho família, meus filhos estão na faculdade e tenho uma grande responsabilidade com relação a eles".

> A conduta perfeita é livre de preocupação.

Ele está preocupado. Tem um dever a cumprir, mas sem amor. Obrigação é preocupação; ele pensa em termos de algo que ele precisa fazer porque é o que se espera dele, porque "O que as pessoas vão dizer se eu for embora?" Quem pensa no que as pessoas dirão? O ego. "O que as pessoas vão dizer? Por isso, primeiro preciso cumprir meus deveres". Eu nunca digo a ninguém para abandonar tudo, nunca digo a ninguém para renunciar, mas insisto que não se deve estar em nenhum relacionamento por causa do dever – porque com o dever todo o relacionamento é feio.

Deve-se estar num relacionamento por causa do amor. Se houvesse amor, esse homem não diria: "Tenho um dever a cumprir". Ele diria: "Eu não posso vir agora. Meus filhos estão crescendo e eu os amo, e estou feliz trabalhando para sustentá-los". Aí, sim, seria felicidade. Agora não é felicidade, é um fardo.

Se você carrega um fardo, se você transforma até o seu amor num fardo, você não pode ser feliz. E se você transformou seu amor num fardo, sua oração também se tornará um fardo, sua meditação também se tornará um fardo. Então, você dirá: "Por causa desse guru, desse mestre, estou preso, e agora tenho que fazer isso". Não sairá de você, da sua totalidade; não vai ser transbordante. Por que ficar preocupado? Se houver amor, onde quer que você esteja, não haverá ônus. E, se você ama seus filhos, mesmo que você os deixe, eles vão entender. Se você não amar seus filhos e continuar a servi-los, eles nunca entenderão. E eles saberão que o que você fizer por eles serão apenas coisas falsas.

Está acontecendo. As pessoas vêm me ver e dizem: "Eu trabalhei minha vida inteira, e ninguém se sente grato pelo que eu fiz". Como alguém pode se sentir grato por você? Você os carregava como um fardo. Até as crianças pequenas entendem bem quando o amor está presente, e elas entendem bem quando você está apenas cuidando delas como se fosse só um dever. O dever é feio, o dever é violento; ele mostra preocupação, mas não mostra espontaneidade. Diz Chuang Tzu: *A conduta perfeita é livre de preocupação*. O que quer que seja feito, é feito por amor – então, você não é honesto porque a honestidade compensa, você não é honesto porque a honestidade é encantadora.

A sabedoria perfeita não é planejada

Uma pessoa sábia vive o momento presente sem nunca planejar. Apenas os ignorantes planejam e, quando pessoas ignorantes planejam, o que podem planejar? Elas planejam com base na sua ignorância. Sem planejamento, elas se dariam melhor, porque da ignorância só vem mais ignorância; da confusão, só vem uma confusão maior.

A pessoa sábia vive cada momento, ela não tem planejamento. Portanto, a vida é livre como uma nuvem flutuando no céu, ela não persegue nenhum objetivo, não é determinada. A pessoa não tem um mapa para o futuro, vive sem mapa, caminha sem mapa – porque a coisa real não é o objetivo; a coisa real é a beleza do movimento. A coisa real não é alcançar, a coisa real é a jornada.

> Lembre-se: a coisa real é a jornada, o próprio viajar. Ela é tão bonita, por que se preocupar com o objetivo?

Lembre-se: a coisa real é a jornada, o próprio viajar. Ela é tão bonita, por que se preocupar com o objetivo? Se você estiver muito preocupado com o objetivo, vai perder a jornada. E a jornada é a vida – o objetivo só pode ser a morte.

A jornada é a vida e é uma jornada infinita. Você está em movimento desde o início – se é que houve um começo. Aqueles que sabem dizem que nunca houve um começo, portanto, desde o "sem começo" você está em movimento, e avançando para o "sem fim" – se você estiver preocupado com objetivos, vai perder isso. O todo é a jornada – o caminho, o caminho sem fim, sem nunca começar e sem nunca terminar.

Na verdade, não existe um objetivo – o objetivo é criado pela mente astuta. Para onde toda essa existência está se movendo? Para onde? Ela não vai a lugar nenhum. É simplesmente ir, e ir é tão bonito; é por isso que a existência não tem fardos. Não há planos, nem objetivo e nem propósito. Não é um negócio. É uma peça, uma *leela*. Todo momento é o objetivo.

A demonstração é necessária porque não existe amor. E, quanto menos você ama, mais você demonstra – quando o amor existe, você não demonstra. Quando um marido chega em casa com alguns presentes para a esposa, ela sabe que algo está errado: "Ele deve ter saído da linha, deve ter conhecido outra mulher. Agora essa é a explicação, esse é um substituto; caso contrário, o amor é o presente, nenhum outro é necessário".

Não que o amor não dê presentes, mas o amor em si é um presente e tanto. O que mais você pode dar? O que mais é possível? Mas sempre que o marido sente que algo está errado, ele tem que consertar. Tudo tem que ser reorganizado, equilibrado.

A sabedoria perfeita não é planejada. O amor perfeito é livre de demonstrações.

E este é o problema: as mulheres são tão intuitivas que sabem imediatamente; seu presente não pode enganá-las. Elas vão entender que algo deu errado, caso contrário, por que esse presente?

Sempre que você demonstra alguma coisa, você demonstra sua pobreza interior. Se a sua religião se tornar uma demonstração, você não é religioso. Se a sua meditação se tornar uma demonstração, você não é meditativo. Porque sempre que o real existe, ele é tão leve, você não precisa demonstrá-lo. Quando sua casa está iluminada, quando há uma chama, você não vai à casa do vizinho para dizer "Veja, há luz na nossa casa". É desnecessário!

Mas, quando sua casa está na escuridão, você tenta convencer seus vizinhos de que há luz nela. Convencendo-os, você tenta se convencer de que a luz é real. Por que você quer demonstrar? Porque, se o outro for convencido, a convicção dele, a convicção dela, irá ajudá-lo a se convencer.

Eu ouvi:

Houve uma época em que o Mulá Nasruddin tinha uma bela casa, mas ele ficou entediado, como todo mundo fica. Se ela era bonita ou não, não fazia a menor diferença; viver na mesma casa todos os dias o deixava entediado. A casa era linda, com um grande jardim, muitos metros de área verde, piscina, tudo. Mas ele ficou entediado, então ligou para um corretor de imóveis e disse: "Quero vendê-la. Estou farto; esta casa se tornou um inferno".

No dia seguinte apareceu um anúncio nos jornais da manhã; o corretor de imóveis colocou um belo anúncio. O mulá Nasruddin leu o anúncio várias vezes e ficou tão convencido que telefonou ao corretor: "Espere, não quero mais vendê-la. Seu anúncio me convenceu a tal ponto que agora eu tenho certeza de que, a minha vida toda, desejei essa casa, procurei por esta mesma casa".

Quando você consegue convencer os outros do seu amor, você mesmo fica convencido. Mas, se você sente amor, não há necessidade – você sabe.

Quando você tem sabedoria, não há necessidade de demonstrá-la. Mas, quando você tem apenas conhecimento, você o demonstra. Você convence os outros e, quando eles são convencidos, você se convence de que é uma pessoa de conhecimento. Quando você tem sabedoria, não há necessidade. Se nenhuma pessoa estiver convencida, mesmo assim você está convencido; você, por si só, já é prova suficiente.

A sinceridade perfeita não oferece garantia

Todas as garantias são por falta de sinceridade. Você garante, você promete, você diz: "Esta é a garantia; eu farei isso". Enquanto você está dando garantias, não há sinceridade.

A sinceridade perfeita não oferece garantia porque a sinceridade perfeita é tão consciente, consciente de tantas coisas! Em primeiro lugar, o futuro é desconhecido. Como você pode dar uma garantia? A vida muda a cada instante; como você pode prometer? Todas as garantias, todas as promessas podem valer apenas para este momento, não para o momento seguinte. Pelo momento seguinte nada pode ser feito; você terá que esperar.

Se você é realmente sincero e ama uma mulher, não pode dizer: "Eu vou amar você por toda a minha vida". Se você disser isso, você é um mentiroso. Essa garantia é falsa. Mas, se você ama, este momento é suficiente. A mulher não vai pedir a vida toda: se o amor existe neste momento, ele é tão gratificante que um momento é suficiente para muitas vidas. Um único momento de amor é a eternidade; ela não vai perguntar.

Mas, se ela está sempre perguntando, é porque neste momento não existe amor. Então ela pergunta: "Qual é a garantia? Você sempre vai me amar?" Neste momento não existe amor, e ela está pedindo uma garantia. Neste momento não existe amor e você garante para o futuro – porque somente dando essa garantia você pode enganar neste momento. Você pode criar uma bela imagem do futuro e esconder a imagem feia do presente. Você diz: "Sim, eu vou te amar para sempre, pela eternidade. Nem a morte nos separará".

Que absurdo! Que falta de sinceridade! Como você pode fazer isso? Você pode fazer isso e com muita facilidade, porque você não está consciente do que está dizendo. O momento seguinte é desconhecido; aonde ele vai levar, ninguém sabe. O que vai acontecer, ninguém sabe; ninguém pode saber. A incognoscibilidade faz parte do jogo futuro.

Como você pode garantir? No máximo, você pode dizer: "Eu te amo neste momento e neste momento eu sinto" – este é um sentimento presente neste momento – "que nem a morte pode nos separar. Mas esse é um sentimento deste momento. Isso não é uma garantia. Neste momento, eu posso dizer que vou te amar sempre, mas esse é um sentimento deste momento; não é garantia. O que vai acontecer no futuro, ninguém sabe. Nós nunca soubemos que esse momento estava chegando, então como podemos saber sobre outros momentos? Teremos que esperar. Teremos que nos manter em estado de oração para que isso aconteça, para que eu a ame para todo o sempre. Mas isso não é uma garantia".

A sinceridade perfeita não pode oferecer nenhuma garantia. A sinceridade perfeita é tão sincera que não pode prometer. Ela dá tudo o que pode dar, aqui e agora. A sinceridade perfeita vive no presente; ela não tem ideia do futuro. A mente vai para o futuro; o ser mora no aqui e agora. E a sinceridade perfeita pertence ao ser, não à mente.

Amor, verdade, meditação, sinceridade, simplicidade, inocência – tudo pertence ao ser. Os opostos pertencem à mente e, para esconder os opostos, a mente cria moedas falsas: falsa sinceridade, que garante, promete; amor falso, que é apenas um nome para obrigação; falsa beleza, que é apenas um rosto para cobrir a feiura interior.

A sinceridade perfeita não pode oferecer nenhuma garantia. A sinceridade perfeita é tão sincera que não pode prometer.

A mente cria moedas falsas – e ninguém se engana, lembre-se, exceto você mesmo.

Basta por hoje.

2

Culpa, Pecado e Arrependimento

As religiões têm feito muito estardalhaço sobre o arrependimento. Jesus vive repetindo ao seu povo: "Arrependam-se, arrependam-se, porque o reino de Deus está próximo! Arrependam-se, porque o dia do juízo final está chegando!"

Primeiro, as religiões fazem você se sentir culpado; caso contrário, o arrependimento não teria nenhuma relevância. Você olhou para uma mulher bonita passando e havia desejo em você; seu coração começou a bater mais rápido. Mas você é casado e tem meia dúzia de filhos; além disso, você é cristão. Não cai bem para você. Você começa a se sentir culpado; você não fez nada, mas começa a se sentir culpado. Agora, como se livrar dessa culpa?

Você está se sentindo culpado por causa da sua esposa, então você terá que levar sorvete para ela – isso é arrependimento. E a esposa também entende isso, que você deve ter feito algo errado;

do contrário, por que levaria sorvete? Você tem que levar brinquedos para as crianças – isso é arrependimento. Mas isso não é suficiente. Você tem que ir ao padre confessar que uma linda mulher estava passando e você sentiu um desejo sexual surgir: "Não está certo. Peça perdão a Deus em meu nome". Agora você vai ficar tranquilo. Mas você não fez nada e está desperdiçando dinheiro desnecessariamente com sorvete, brinquedos, confessando ao padre – e se tornando refém do padre –, porque agora você estará para sempre nas mãos dele.

A religião católica tem mais poder sobre seu povo do que qualquer outra religião, pela simples razão de que todo mundo tem que confessar seus pecados. Naturalmente, o padre sabe tanto sobre todo mundo... você não pode deixar e ir à igreja – ele pode expor você! A confissão está sendo usada para mantê-lo em cativeiro; você não pode deixar a igreja.

A ideia que lhe foi passada é que é assim que você se arrepende, mas a realidade é que na maioria dos casos você não está cometendo pecado nenhum. Olhar para uma mulher bonita e sentir seu coração bater mais rápido é absolutamente natural, está de acordo com a natureza. É respeitoso com a mulher. Numa sociedade melhor e mais humana, onde todas essas religiões mortas não existem mais, você prefere ir até a mulher e agradecê-la por sua beleza, ser grato por ela estar viva. Você não se sente culpado quando vê uma linda rosa, você não se sente culpado quando vê um belo pôr do sol – então, por que você deveria se sentir culpado ao ver uma bela mulher ou um belo homem? Beleza não é pecado. Deve ser respeitada. E num mundo humano mais inteligente e compreensivo, a outra pessoa aceitará seu elogio com gratidão. Você não está lhe fazendo mal nenhum.

A maioria dos seus pecados não são pecados. Alguns talvez sejam erros, mas não pecados.

No meu modo de vida, a palavra "pecado" não existe. Você ficará surpreso ao saber que a raiz original, de onde vem a palavra "pecado", significa "esquecimento". Isso é ótimo, é o que ela deveria significar! Você não estava consciente, você esqueceu; você cometeu um erro. A ideia de pecado é inventada pelos sacerdotes para reprimir você, subjugar você, humilhar você, destruir a sua dignidade.

Mas o esquecimento é compreensível. Você pode fazer algo sem saber o que está fazendo; mais tarde, você fica alerta de que fez algo errado. Então o melhor caminho não é ir ao padre, mas ir até a pessoa a quem você fez mal. O que o padre tem como isso? E o que Deus tem com isso? A pessoa a quem você prejudicou de alguma forma – você deve procurar essa pessoa e pedir perdão. Isso vai ser lindo e vai aproximar as pessoas.

Os hindus têm um método ainda mais simples. Todos os anos vão ao Ganges, tomam um bom banho, e todos os seus pecados são levados pelas águas. Por que fazer pagamentos em parcelas tão pequenas – uma vez por semana? Por que não uma vez por ano?

> No meu modo de vida, a palavra "pecado" não existe. Você ficará surpreso ao saber que a raiz original, de onde vem a palavra "pecado", significa "esquecimento".

E, se você não consegue ir uma vez por ano, então a cada doze anos há uma feira especial em Allahabad – talvez a maior aglomeração de pessoas em todo o mundo, milhões de pessoas. O que quer que você tenha feito em doze anos, tomando banho no Ganges naquele dia, você é purificado, fica livre para fazer as mesmas coisas de novo. Pelo menos por mais doze anos, não há problema.

No Ocidente, com o Cristianismo, o pecado tornou-se o centro. Eles dizem isso não porque você não saiba que comete pecados: você peca, é por isso que você é ignorante. O pecado assume um significado primário. E não é apenas o seu pecado, é o pecado original da humanidade! Então, você é oprimido por um conceito de pecado: ele provoca culpa, provoca tensão.

É por isso que o Cristianismo realmente não poderia desenvolver técnicas de meditação. Desenvolveu apenas a oração – porque contra o pecado, o que você pode fazer? Você pode ser moral e piedoso. Nada como os Dez Mandamentos que existem no Oriente; não existe um conceito tão moralista lá, então os problemas das pessoas são diferentes. Para as pessoas que vêm do Ocidente, a culpa é o problema deles: no fundo, elas se sentem culpadas. Mesmo aquelas que se revoltaram, no fundo sentem culpa. Então é mais um problema psicológico, relacionado à mente, e menos preocupada com o ser. Elas têm que se libertar da culpa. É por isso que o Ocidente teve que desenvolver a psicanálise ou a confissão. Eles não foram desenvolvidos no Oriente porque nunca foram necessários.

No Ocidente você tem que confessar, só então você pode se libertar da culpa que sente lá no fundo. Ou você tem que passar pela psicanálise, um longo processo de associação de pensamentos, por isso liberta da culpa. Mas nunca liberta a pessoa permanentemente. Ela vai voltar a aparecer porque o conceito de pecado permanece. Ela será criada novamente; vai acumular de novo. Assim, a psicanálise só pode ser uma ajuda temporária, e a confissão também é uma ajuda temporária. Você tem que confessar várias e várias vezes. Essas são ajudas temporárias contra algo que foi aceito: a raiz da doença foi aceita.

No Oriente, não é uma questão de psicologia, é uma questão de ser. Não é uma questão de saúde mental; ao contrário, é uma questão de crescimento espiritual. Você tem que crescer espiritualmente, para ficar mais consciente das coisas. Você não tem que mudar seu comportamento básico, mas mudar a sua consciência básica. Portanto, o comportamento mudará também.

O Cristianismo é mais behaviorista e, nesse sentido, é defeituoso porque o comportamento é apenas a periferia. A questão não é o que você *faz*, a questão é o que você é. Então, se você continuar mudando suas atitudes, *você* não está mudando. E você pode permanecer igual até mesmo fazendo tudo ao contrário – você pode ser um santo e ainda carregar o mesmo ser que é pecador. Porque é muito fácil mudar a atitude, isso pode ser forçado. Portanto, para quem vem do Ocidente, o problema é de comportamento, culpa. E eu luto com eles apenas para torná-los conscientes de um problema mais profundo, que é o do ser, não da psique.

[...] O mundo inteiro se tornou uma grande multidão de "pecadores", porque tudo foi condenado – tudo. Não há uma única coisa que você possa fazer que não tenha sido condenada por uma pessoa ou outra. Com tudo condenado, você se torna um pecador.

Então surge a culpa – e quando há culpa você pode rezar, mas a oração é venenosa; vem da sua culpa. Quando você é culpado, você pode orar, mas essa oração é baseada no medo. Essa oração não é de amor, não pode ser. Através da culpa, o amor é impossível. Sentindo-se condenado, pecador, como você pode amar?

Essa criação de um complexo de culpa é necessária para as religiões, não para você. O negócio deles só pode continuar se criarem culpa em você.

Todo o negócio da religião depende dos sentimentos de culpa que eles podem criar nas massas. Igrejas, templos, religiões, existem na sua culpa. Deus não os criou; sua culpa os criou.

> Todo o negócio da religião depende dos sentimentos de culpa que eles podem criar nas massas.

Quando você se sente culpado, precisa de um padre para confessar. Quando você se sente culpado, você precisa de alguém para guiá-lo, para purificá-lo. Quando você se sente culpado, você perde o seu centro – agora alguém pode conduzir você.

E você pode se tornar parte de uma multidão apenas quando não é você mesmo. Por isso você pertence ao Cristianismo ou Hinduísmo ou Maometismo. Esses "pertencimentos" são simplesmente sentimentos de culpa. Você não pode ficar sozinho. Você se sente tão culpado que não pode confiar em si mesmo, você não pode depender de si mesmo – você não pode ser independente. Alguém, alguma grande organização, algum culto, algum credo é necessário, para que você possa se esconder sob o cobertor e esquecer sua culpa. Ou você precisa de algum salvador, você precisa de alguém que possa sofrer pelos seus pecados. Isso é simplesmente absurdo.

Nem o Ganges nem Deus pode perdoar você

Você ficará surpreso ao saber que na Tailândia existe uma pequena tribo de pessoas muito primitivas que, mesmo que em seus sonhos prejudiquem alguém – por exemplo, se eles batem em alguém em seus sonhos – a primeira coisa que fazem pela manhã é ir até aquela pessoa e pedir perdão, porque, mesmo que tenha sido um sonho, deve ter havido algum desejo em algum lugar que tenha provocado aquele sonho.

Eles dizem à pessoa: "Eu não machuquei você e nunca machucarei. Eu nunca nem tive consciência de que existia um desejo de machucar você, mas deve ter havido, porque os sonhos são parte da realidade. Eles simplesmente não vêm do nada".

E você ficará surpreso ao saber que essa pequena tribo é a tribo mais pacífica do mundo: sem brigas, sem estupro, sem assassinato, nenhum suicídio. E por milhares de anos eles têm seguido o mesmo costume. Lentamente, bem lentamente, eles pararam de sonhar também. Eles tornaram-se tão inocentes que mesmo no inconsciente não há nenhum desejo de ser violento, de estuprar, de torturar alguém, de matar alguém.

Em milhares de anos, indo continuamente ao homem e pedindo o seu perdão – e ele fica maravilhado, porque ele não sabe de nada que você tenha feito a ele. Mas isso aproxima você dele – ele abraça você e diz: "Não há nada com que se preocupar, foi apenas um sonho".

Mas você insiste: "Não importa que tenha sido apenas um sonho; esse foi meu sonho. Estou envolvido nele e, a menos que você me perdoe, eu sofrerei".

Se um homem como Sigmund Freud tivesse ido à Tailândia para estudar essas pessoas, ele teria ficado surpreso ao ver que sua psicanálise seria inútil ali. Eles não têm sonhos; você não pode usar a psicanálise neles. De vez em quando alguém pode ter um sonho, mas eles encontraram uma maneira de se livrar até mesmo de um leve desejo inconsciente.

Não existe essa questão de pecado na sua vida. Você pode, no máximo, cometer um erro; você pode fazer algo que nunca quis fazer, e então sente um peso no coração. Então, faça algo para desfazer o erro que cometeu.

[...] Eu não estou ensinando a você uma religião. Eu simplesmente quero lhe dizer a verdade. Se você fez algo errado, vá até a pessoa. Seja humilde, peça perdão a ela. Só essa pessoa pode perdoar você, ninguém mais – nem o Ganges nem Deus.

E lembre-se do significado da palavra "pecado": esquecimento. Portanto, agora, não esqueça de novo e não faça a mesma coisa; caso contrário, seu pedido de perdão torna-se sem sentido.

Agora tenha cuidado, fique alerta, fique consciente e não faça a mesma coisa novamente. Esse é o verdadeiro arrependimento.

Um dia, você cometeu o erro – foi apenas um erro. Errar é humano; não há nada com que se preocupar.

■ ■ ■

Nada Purifica Como o Arrependimento

Jesus disse:
> *Eu estava no meio do mundo e em carne apareci para eles.*
>
> *Encontrei-os todos embriagados; não encontrei nenhum deles sedento.*
>
> *E a minha alma afligiu-se pelos filhos dos homens, porque eles estão cegos em seus corações e não veem que vazios vieram ao mundo e vazios querem sair do mundo outra vez.*
>
> *Mas agora eles estão embriagados e só se arrependerão quando abandonarem seu vinho.*
>
> *Jesus disse: Se a carne veio à existência por causa do espírito, isso é uma maravilha; mas se o espírito passou a existir por causa do corpo, é uma maravilha das maravilhas. Eu, porém, estou maravilhado com a forma com que tamanha riqueza foi habitar tamanha pobreza.*
>
> – DE "O EVANGELHO DE TOMÉ"

Jesus ou Buda ou qualquer um que esteja desperto encontrará todos vocês embriagados. A embriaguez é de vários tipos, mas a embriaguez estará lá. Você não está alerta, você não está acordado: você simplesmente pensa que está acordado e alerta. Seu sono continua desde o nascimento até a morte.

Gurdjieff costumava contar uma historieta:

Havia um homem que possuía milhares de ovelhas, e ele estava sempre em apuros porque as ovelhas se perdiam e se tornavam presas de animais selvagens. Então ele perguntou a um sábio, e o sábio sugeriu: "Tenha cães de guarda". Então ele colocou cem cães para vigiar as ovelhas. Eles não permitiriam que as ovelhas se afastassem e, se alguma ovelha tentasse, eles a matavam.

Aos poucos eles se tornaram tão viciados em matar que começaram a assassinar as ovelhas; eles se tornaram um perigo. Então mais uma vez o homem procurou o sábio e disse: "Ficou perigoso; os protetores se tornaram assassinos".

Sempre acontece: olhe para os seus políticos, eles são os protetores, os cães de guarda, mas, quando ficam poderosos, começam a matar.

O sábio disse: "Então só há um caminho. Eu irei".

Então ele foi, hipnotizou todas as ovelhas e disse a elas: "Vocês estão acordadas, alertas, completamente livres. Ninguém é dono de vocês". Então aquelas ovelhas permaneceram naquele estado hipnótico, e elas não iam a lugar nenhuma. Elas não escapariam porque aquilo não era uma prisão, e todas acreditavam que eram donas, mestres de si mesmas. Mesmo que uma ovelha fosse morta pelo mestre, elas pensavam: "Este é o destino dela, não o meu. Ninguém pode me matar. Eu tenho um eu imortal e sou totalmente livre, portanto não há necessidade de fugir". Então não havia necessidade de cães de guarda, e o mestre ficou despreocupado porque as ovelhas estavam hipnotizadas, viviam num semissono.

E esse é o estado em que você está, em que Jesus encontra você, em que eu o encontro. Mas ninguém o hipnotizou; essa é uma auto-hipnose. Você é tanto o homem sábio que hipnotizou a ovelha quanto a ovelha hipnotizada; você foi hipnotizado por você mesmo.

Existe um certo método de se auto-hipnose: se você pensar num determinado pensamento continuamente, você será hipnotizado por ele; se você olhar para uma coisa continuamente, ficará hipnotizado por ela; se você meditar em algo continuamente, ficará hipnotizado por isso. Para onde você vai não importa, porque você carrega sua mente com você, e sua mente vai criando um mundo ao seu redor. Uma pessoa é hipnotizada através do sexo, outra pessoa é hipnotizada através da riqueza, outra pessoa é hipnotizada pelo poder, mas todas estão hipnotizadas. E ninguém fez isso com você – você fez isso sozinho, é o seu trabalho. Mas você está fazendo isso há tanto tempo que esqueceu completamente que você é tanto o mágico quanto a ovelha.

Depois que uma pessoa percebe "Eu sou o mágico e eu sou a ovelha", então as coisas começam a mudar, porque a primeira centelha de transformação entrou em cena. Agora você nunca mais poderá ser o mesmo, porque a hipnose começou a perder o efeito. Surgiu um ponto de ruptura; um pouco de consciência entrou em você.

Você pode ter diferentes objetos de hipnose: descubra qual é o objeto da sua hipnose, qual o atrai mais, qual deles se tornou o ponto focal do seu ser e, em seguida, olhe para isso, para como você foi hipnotizado por isso. A repetição é o método da hipnose: olhar para qualquer coisa continuamente ou pensar sobre isso continuamente. Se você for a um hipnotizador, ele dirá: "Você vai adormecer, adormecer, adormecer, adormecer". Ele vai continuar repetindo a mesma coisa com uma voz monótona, e logo você estará dormindo profundamente. Ele não estava fazendo nada, mas simplesmente repetindo algo. Ouvindo isso de novo e de novo e de novo, você adormece; você se hipnotizou.

Lembre-se disso, porque você está fazendo isso continuamente e a sociedade também está fazendo isso continuamente. Todo o mecanismo da propaganda política consiste em repetições. Os políticos continuam repetindo certas coisas. Eles continuam repetindo e não se incomodam se você ouve ou não. Ouvir não é o mais importante, porque, se eles apenas continuarem repetindo, aos poucos você será convencido, persuadido, não pela lógica, não pela razão – eles nunca discutem com você –, mas apenas pela repetição você fica hipnotizado.

Hitler vivia repetindo que os judeus eram a razão da miséria e queda da Alemanha: "Depois que os judeus forem destruídos, não haverá mais problema. Vocês são os donos do mundo inteiro; vocês são uma raça especial. Vocês vieram aqui para dominar; vocês são uma raça superior".

Nem mesmo os amigos dele acreditaram nisso no começo, e ele mesmo não acreditava no começo, porque isso era uma mentira patente. Mas à medida que ele continuava, aos poucos as pessoas começaram a acreditar nele: elas foram hipnotizadas. E, quando outras pessoas foram hipnotizadas, ele também foi hipnotizado e passou a pensar que devia haver alguma verdade naquilo: "Se milhões de pessoas acreditam em algo, deve haver algo de verdadeiro nisso". Então seus amigos começaram a acreditar, e tornou-se uma hipnose mútua, e toda a Alemanha entrou nisso.

Uma das raças mais inteligentes se comportou de maneira muito tola. Por quê? O que aconteceu com a mente alemã? – apenas repetição, propaganda política.

Hitler escreveu em sua autobiografia, *Mein Kampf*, que existe um processo simples para transformar uma mentira em verdade: basta continuar a repeti-la. E ele sabia disso por experiência própria. Se você continuar repetindo uma coisa em particular – você fuma, você continua fumando todos os dias – torna-se uma hipnose. Então, mesmo que você saiba que é inútil, fútil, tolo, perigoso para a saúde, nada pode ser feito, porque agora é uma auto-hipnose. Uma pessoa começa a comer demais. Ela sabe que é ruim – ela sofre por causa disso, ele está sempre doente, mas, ainda assim, quando se senta para comer, não pode evitar. É compulsivo. O que é compulsão? Como ela tem feito isso por tanto tempo, ficou hipnotizada. Ela está embriagada.

>
>
> Hitler escreveu em sua autobiografia, *Mein Kampf*, que existe um processo simples para transformar uma mentira em verdade: basta continuar a repeti-la.

O Mulá Nasruddin chegou em casa uma noite muito tarde; devia ser umas três da manhã. Ele bateu na porta; a esposa estava muito zangada, mas o Mulá disse, "Espere! Primeiro me deixe explicar, então você pode começar. Eu estava sentado com um amigo muito doente".

A esposa disse: "Uma história muito provável! Mas diga-me o nome do amigo".

Nasruddin pensou e pensou e pensou, e então ele disse triunfante: "Ele estava tão doente que não podia me dizer!"

A mente, se estiver bêbada, pode encontrar desculpas, mas todas essas desculpas são tão falsas quanto esta: "O meu amigo estava tão doente que não podia me dizer. Para o sexo você encontrará desculpas, para fumar você encontrará desculpas, para a sua ânsia de poder você encontrará desculpas, mas todas as desculpas são esfarrapadas. O fato real é que você não está pronto para reconhecer que se tornou compulsivo, que você está com uma obsessão, você está sob hipnose.

Isto é o que um Jesus encontra: todos embriagados e dormindo profundamente. Você não pode encontrá-lo porque você mesmo está dormindo. A não ser que você esteja acordado, você não pode se tornar consciente do que está acontecendo à sua volta. O mundo inteiro está num sonambulismo. É por isso que há tanta miséria, tanta violência, tanta guerra. Isso é desnecessário, mas tem que ser assim porque as pessoas que estão dormindo e embriagadas não podem ser responsáveis por nada. Se alguém procurasse Jesus para perguntar o que deveria fazer para mudar, Jesus diria: Você não pode fazer nada para mudar a menos que fique desperto.

Culpa, Pecado e Arrependimento

O que você pode fazer? O que um homem que está dormindo profundamente pode fazer para mudar seus sonhos? O que ele pode fazer?

As pessoas chegavam com a mesma pergunta para Gurdjieff – e Gurdjieff é o homem mais representativo de Jesus em nossa época, não o papa do Vaticano. Gurdjieff é o mais representativo porque ele acreditou e desenvolveu o mesmo método de fricção com que Jesus trabalhava. Ele criou muitos tipos de cruzes para as pessoas se enforcarem e serem transformadas. Gurdjieff também costumava dizer que você não pode fazer nada a menos que você *exista*. E se você não está acordado, você não existe, você simplesmente acredita que existe. Essa crença não vai ajudar.

> Eu estava no meio do mundo e em carne apareci para eles. Encontrei-os todos embriagados; não encontrei nenhum deles sedento.

Agora, olhe para estes provérbios. Eles são todos muito profundos, muito significativo, e podem se tornar guias em seu caminho. Lembre-se deles.

Jesus nunca renunciou ao mundo; ele estava no meio de todos nós. Ele não era um escapista; ele entrou no mercado, ele vivia com a multidão. Ele conversou com prostitutas, trabalhadores, fazendeiros, pescadores. Ele não saiu do mundo; ele permaneceu aqui no meio de vocês. Ele conhecia o mundo melhor do que qualquer um que fugiu dele.

Não é de admirar que a mensagem de Cristo tenha se tornado tão poderosa. A mensagem de Mahavira nunca foi tão poderosa, mas Jesus converteu quase metade do mundo. Por quê? Porque ele permaneceu no mundo; ele entendeu o mundo, seus caminhos, as pessoas, a mente. Ele andou com elas, ele aprendeu como elas funcionam – dormindo, embriagadas – e começou a encontrar maneiras e meios de despertá-los.

Na última noite, quando Jesus foi capturado – ou se deixou capturar –, quando o último drama foi encenado, um discípulo estava com ele. E Jesus disse: "Esta é a minha última noite, então eu vou entrar em profunda oração. Eu tenho que orar, e você deve manter vigília. Não durma! Eu vou voltar e ver... e esta é minha última noite, lembre-se!

Jesus foi, e depois de meia hora voltou. O discípulo estava dormindo profundamente. Ele o acordou e lhe disse: "Você estava dormindo profundamente, e eu lhe disse para manter a vigília, porque esta é a minha última noite. Fique alerta porque não estarei mais aqui! Então, você pode dormir para todo o sempre. Mas comigo... pelo menos na minha última noite permaneça alerta!"

O discípulo disse: "Desculpe, eu estava com tanto sono que não pude evitar. Mas vou tentar agora".

Jesus voltou a orar. Depois de meia hora ele estava de volta, e novamente o discípulo estava dormindo profundamente. Ele o acordou novamente e disse: "O que você está fazendo? A manhã se aproxima e eu serei capturado!"

O discípulo disse: "Desculpe, me perdoe, mas a carne é muito forte e a vontade é muito fraca, e o corpo estava tão pesado que eu pensei: 'O que há de errado em dormir um pouco? Um pouco de sono e, quando ele voltar, estarei acordado novamente'".

Jesus veio pela terceira vez, e o discípulo dormia profundamente. Mas essa é a situação de todos os discípulos. A sonolência tornou-se simplesmente sua segunda natureza. O que significa sonolência? Significa que você não está consciente de que você existe; então tudo, o que você faz é irresponsável. Você está louco, e tudo o que você faz, você faz como se estivesse embriagado.

Diz Jesus:

Em carne apareci para eles – eu estava no corpo, eles podiam me ver, eles podiam me ouvir, eles podiam me sentir –, mas ainda assim eles não perceberam. Eles não perceberam porque... *Encontrei-os todos embriagados.*
Eles não existem de fato, não há nenhuma consciência. Bati na porta, mas eles não estavam em casa.

> Eu estava no meio do mundo e em carne apareci para eles.

Se Jesus vier à sua casa e bater, você estará lá para recebê-lo? Você estará em outro lugar; você nunca está em casa. Você continua vagando pelo mundo todo, exceto na sua casa.

Onde é a sua casa? Dentro de você, onde está o centro da consciência, ali é a sua casa. Você nunca está lá, porque somente em meditação profunda você está. E quando você está em meditação profunda, você pode reconhecer Jesus imediatamente; se ele vier incorporado ou incorpóreo não faz diferença. Se você está em casa, você reconhecerá a batida. Mas, se você não está em casa, o que se pode fazer? Jesus vai bater e você não vai estar lá. Esse é o significado da palavra "embriagado": não estar em casa.

Onde é a sua casa? Dentro de você, onde está o centro da consciência, ali é a sua casa.

Na verdade, sempre que você quiser se esquecer de si mesmo você toma álcool, consome drogas; sempre que você quer se esquecer de si mesmo, você bebe. A bebida significa esquecimento, e toda a religião consiste em lembrar; portanto, todas as religiões insistem contra a bebida. Não é que haja algo de errado no ato de beber em si; se você não está seguindo o caminho não há nada de errado. Mas, se você está seguindo o caminho, então não pode haver nada mais errado do que isso, porque todo o caminho consiste na lembrança de si mesmo, e a bebida é esquecimento.

Mas por que você quer se esquecer de si mesmo? Por que você está tão cansado de si mesmo? Por que você não consegue viver consigo mesmo? Por que você não consegue ficar alerta e à vontade? Qual é o problema? O problema é que sempre que você está alerta, sozinho, você se sente vazio; você se sente como se você não fosse ninguém. Você sente um nada por dentro, e esse nada torna-se o abismo. Você fica com medo, começa a fugir dele.

Lá no fundo, você é um abismo, e é por isso que você continua fugindo. Buda chamou esse abismo de "não eu", *anatta*. Não há ninguém ali dentro. Quando você olha, é uma vasta expansão, mas não há ninguém ali; apenas o céu interior, um abismo infinito, sem fim, sem começo. No momento em que você olha, você fica tonto, começa a correr, você imediatamente foge. Mas para onde você pode fugir? Onde quer que você vá, esse vazio estará com você porque é você. É o seu Tao, a sua natureza. É preciso chegar a um acordo com isso.

A meditação nada mais é do que chegar a um acordo com o seu vazio interior: reconhecê-lo, em vez e fugir; vivendo através dele, não fugindo; existindo através dele, não fugindo. Então, de repente o vazio se torna a plenitude da vida. Quando você não escapa dela, essa é a coisa mais bela, mais pura, porque só o vazio pode ser puro. Se houver algo, a sujeira entrou; se houver algo ali, então a morte entrou; se algo está ali, então a limitação entrou. Se algo está ali, então a divindade não pode estar. A divindade significa o grande abismo, o abismo supremo. Ela está ali, mas você nunca é treinado para olhar para ela.

É como nas ocasiões em que você vai até as colinas e olha para o vale: você sente vertigem. Por isso você não quer mais olhar, porque um medo toma conta de você; você pode cair. Mas nenhuma colina é tão alta e nenhum vale é tão profundo quanto o vale que existe dentro de você. E sempre que você olha para dentro e sente uma vertigem, náuseas, você imediatamente foge; você fecha os olhos e

A meditação nada mais é do que chegar a um acordo com o seu vazio interior: reconhecê-lo, em vez e fugir; vivendo através dele, não fugindo; existindo através dele, não fugindo.

começa a correr. Você tem corrido há milhões de vidas, mas você não chegou a lugar nenhum; você não pode chegar.

É preciso chegar a um acordo com o vazio interior. E assim que você chega a um acordo com ele, de repente o vazio muda de natureza: torna-se o todo. Então não é mais vazio, não é negativo; é a coisa mais positiva que existe. Mas a aceitação é a porta.

É por isso que as pessoas têm atração por álcool, LSD, maconha, drogas. E existem muitos tipos de drogas: físicas, químicas, mentais; riqueza, poder, política – tudo é uma droga.

Observe um político: ele está drogado; ele está embriagado de poder; ele não anda sobre a terra. Olhe para um homem rico: você pensa que ele anda sobre a terra? Não, seus pés nunca tocam a terra; ele está muito no alto; ele tem riqueza. Só os pobres caminham sobre a terra, só os mendigos; um homem rico voa no céu.

> Encontrei-os todos embriagados; não encontrei nenhum deles sedento.

Quando você se apaixona por uma mulher, de repente você se vê no alto; de repente nunca mais anda na terra. Um romance aconteceu; toda a qualidade do seu ser fica diferente, porque agora você está inebriado. O sexo é o álcool mais profundo que a natureza deu a você.

Jesus disse:

Isso tem que ser entendido, é um ponto muito delicado: se você está embriagado com este mundo, não pode ter sede do outro. Se tiver se embriagado com álcool comum, com vinho comum, você não pode ter sede do vinho divino – impossível! Se você não está embriagado com este mundo, surge a sede. E essa sede não pode ser aplacada por qualquer coisa que pertença a este mundo. Apenas o desconhecido pode aplacá-la; só o invisível pode matá-la.

Então Jesus diz algo muito contraditório: *encontrei-os todos embriagados; não encontrei nenhum deles com sede*. Ninguém estava com sede porque eles pensaram que já tinham encontrado a chave, o tesouro, o reino. Por isso não estavam em busca.

A divindade é uma embriaguez de um tipo diferente. Kabir dizia: "*Aisi tari lagi*: Caí em tal embriaguez que nada pode perturbá-la, ela é eterna". Pergunte a Omar Khayyam: ele sabe, ele fala sobre o vinho do outro mundo. E Fitzgerald entendeu mal, porque ele não está falando do vinho que você pode obter neste mundo; ele

Encontrei-os todos embriagados; não encontrei nenhum deles sedento. E a minha alma afligiu-se pelos filhos dos homens, porque eles estão cegos em seus corações e não veem que vazios vieram ao mundo e vazios querem sair do mundo outra vez.

está falando do vinho divino, que é o símbolo sufista de Deus. Depois que você está inebriado com a divindade, então não haverá mais sede alguma.

Mas este mundo e seu vinho podem lhe dar apenas um alívio temporário, podem lhe dar apenas intervalos temporários de esquecimento. E a diferença é diametral: quando alguém está embriagado com o vinho da divindade, está totalmente alerta, atento, totalmente consciente. Quando alguém está embriagado com este mundo e seus vinhos, está hipnotizado, adormecido, se move num sono, vive num sono; toda a sua vida é um longo sonho.

E a minha alma afligiu-se... Você não consegue entender o sofrimento de alguém como Jesus, como Buda, quando ele olha para você, embriagado com este mundo, sem sede alguma do divino, da verdade. Vivendo de mentiras, e acreditando em mentiras como se fossem verdades – e ausente, por nada, perdendo tudo em troco de nada. Então, acontece que as menores coisas podem se tornar barreiras.

Uma vez aconteceu de um homem estar muito doente. A doença era que ele sentia continuamente seus olhos saltando e seus ouvidos zumbindo. Aos poucos ele foi ficando louco, porque se sentia assim 24 horas por dia. Ele não conseguia dormir; não conseguia fazer o seu trabalho.

Então ele consultou vários médicos. Um deles sugeriu: "Remova o apêndice", então o apêndice foi removido, mas nada aconteceu. Outro sugeriu: "Arranque todos os dentes", então todos os dentes deles foram arrancados. Nada aconteceu; o homem simplesmente ficou velho, só isso. Então alguém sugeriu que as amígdalas fossem extraídas. Existem milhões de conselheiros, e se começar a ouvi-los, eles vão matar você. Então as amígdalas foram extraídas, mas nada aconteceu. Então ele consultou o maior médico conhecido daquela época.

O médico o diagnosticou e disse: "Nada pode ser feito, porque a causa não foi encontrada. No máximo você vai viver mais seis meses. É preciso ser franco com você, porque tudo que poderia ser feito já foi feito. Agora não há mais nada a fazer".

O homem saiu do consultório do médico e pensou: "Se eu só tenho seis meses de vida, então por que não posso viver bem?" Ele era um avarento, nunca tinha vivido de verdade, então encomendou o último modelo do maior carro que havia no mercado; comprou um lindo bangalô. Encomendou trinta ternos; até mandou fazer camisas por encomenda.

Ele foi ao alfaiate, que o mediu e disse: "Tamanho trinta e seis, gola dezesseis.

O homem disse: "Não, colarinho quinze, porque eu sempre usei quinze.

O alfaiate mediu novamente e disse: "Dezesseis!"

O homem disse: "Mas eu sempre usei quinze!"

O alfaiate disse: "Tudo bem, faça do seu jeito, mas vou lhe dizer uma coisa, se usar um colarinho quinze, seus olhos vão saltar das órbitas e você vai ficar com um zumbido nos ouvidos!"

Você está perdendo o divino – e não por causas muito grandes, não! Apenas um colarinho tamanho quinze, e os olhos não podem ver, eles estão saltando das órbitas e os ouvidos não podem ouvir, eles estão zumbindo.

A causa da doença do homem é simples, porque ele é viciado nas pequenas coisas. As coisas deste mundo são muito pequenas. Ainda que você ganhe um reino, o que é um reino? Uma coisa muito pequena. Onde estão os reinos que existiram na história? Onde está a Babilônia? Onde está a Assíria? Onde está o reino do Faraó? Todos eles desapareceram, apenas ruínas; e esses reinos eram grandes. Mas o que se alcançou com eles? O que Genghis

Khan alcançou? O que Alexandre, o Grande, conseguiu? Todos os reinos são apenas coisas triviais. E você não sabe o que está faltando; está faltando o reino de Deus. Mesmo que você se torne uma pessoa bem-sucedida, o que você vai conseguir com isso? Onde você vai chegar com isso? Olhe para as pessoas bem-sucedidas, faça um diagnóstico: o que elas alcançaram? Olhe para as pessoas que se sentam nos tronos do sucesso: onde elas chegaram? Elas também estão em busca de paz mental – mais do que você é. Elas também estão com medo da morte e tremendo, assim como você.

E a minha alma afligiu-se pelos filhos dos homens, porque eles estão cegos em seus corações e não veem que vazios vieram ao mundo e vazios querem sair do mundo outra vez.

Se você olhar minuciosamente para as pessoas de sucesso, descobrirá que elas também têm pés de barro. A morte os levará, e com a morte todo sucesso desaparece, toda fama desaparece. A coisa toda parece um pesadelo: tanto esforço, tanta infelicidade, tanta dificuldade e nada de ganho. No final vem a morte, e tudo desaparece como uma bolha. E é por causa dessa bolha que o eterno é perdido.

Vazio você veio, mas não exatamente vazio: cheio de desejos. Vazio você irá, mas não exatamente vazio: novamente cheio de desejos. Mas desejos são sonhos – você permanece vazio – os sonhos não têm nada de substancial. Você nasceu vazio, e então você vai para o mundo e acumula coisas, apenas acreditando que essas coisas lhe darão satisfação. Você continua vazio. A morte arrebata tudo, você vai novamente para o túmulo, mais uma vez vazio.

A que ponto chega toda essa vida? Para que significado e conclusão? O que você consegue com isso? Esta é a aflição de alguém como Jesus ou como Buda: olhando para as pessoas, pode-se ver que elas estão cegas. E por que elas estão cegas? Onde está a cegueira delas? Não é que elas não sejam inteligentes; elas são muito espertas, mais do que precisam. Mais do que podem pagar, mais do que é bom para elas. Elas são muito inteligentes, astutas. Pensam que são sábias. Não é que não possam ver; elas podem ver, mas podem ver apenas o que pertence a este mundo. O coração delas é cego; o coração delas não consegue ver.

Você pode ver com o coração? Você já viu alguma coisa com seu coração? Muitas vezes você deve ter pensado: "O sol está nascendo, e a manhã está linda", e pensa que isso vem do coração. Não, porque sua mente ainda está tagarelando: "O sol está lindo, a manhã está linda", e você pode estar simplesmente repetindo as ideias de outras pessoas. Você realmente percebeu que a manhã está linda? Esta manhã, o fenômeno que está acontecendo agora? Ou você está repetindo palavras?

Você vai ver uma flor: você realmente a viu? A flor tocou seu coração? Alcançou o núcleo mais profundo do seu ser? Ou você apenas olha para a flor e diz: "Bom, é linda, legal". São palavras e quase mortas, porque não estão vindo do coração. Nenhuma palavra jamais vem do coração; o sentimento vem, mas sem palavras. As palavras vêm da cabeça, os sentimentos vêm do coração. Mas no coração nós estamos cegos. Por que estamos cegos no coração? Porque o coração leva a caminhos perigosos.

Então ninguém tem permissão para viver com o coração.

> Seus pais cuidaram para que você vivesse com a cabeça, não com o coração, porque o coração pode levá-lo ao fracasso neste mundo.

Seus pais cuidaram para que você vivesse com a cabeça, não com o coração, porque o coração pode levá-lo ao fracasso neste mundo. O coração leva ao fracasso e, a menos que você fracasse neste mundo, você não terá sede do outro. A cabeça leva ao sucesso neste mundo. É astuta, calculista, é manipuladora; ela o leva ao sucesso. Por isso toda escola, todas as faculdades e universidades ensinam como ser mais "cabeça", como ser mais uma pessoa de "cabeça cheia". E aqueles que vivem de cabeça cheia ganham as medalhas de ouro. São bem-sucedidos, e por isso têm as chaves para entrar neste mundo.

Mas a pessoa de coração será um fracasso, porque não pode explorar. Ela será tão amorosa que não poderá explorar. Será tão amorosa que não poderá ser avarenta, acumuladora. Será tão amorosa que vai compartilhar, e tudo que ela tiver ela dará, em vez de roubar coisas das pessoas. A pessoa de coração será um fracasso e será tão verdadeira que não poderá enganar ninguém. Será sincera e honesta, autêntica – mas será uma estranha neste mundo, onde só pessoas astutas podem ter sucesso. É por isso que todo pai toma cuidado para que, antes que a criança parta para o mundo, seu coração fique cego, completamente fechado.

Você não pode orar, você não pode amar. Você pode? Você pode orar? Você pode orar: vá a uma igreja no domingo; as pessoas estão orando – mas tudo é falso; até a oração dessas pessoas vem da cabeça delas. Eles aprenderam, não é do coração. O coração delas é vazio, morto, ele não sente nada. As pessoas "amam" – elas se casam e os filhos nascem – não por amor; tudo é calculado, tudo é aritmética. Você tem medo do amor porque ninguém sabe aonde o amor vai levar você. Ninguém conhece os caminhos do coração; eles são misteriosos. Com a cabeça você está no caminho certo, na estrada; com o coração, você entra numa selva. Não há estradas, nem sinais de trânsito; você tem que encontrar o caminho sozinho.

Com o coração você é individual, solitário. Com a cabeça, você faz parte da sociedade. A cabeça foi treinada pela sociedade, faz parte da sociedade. Com o coração você se torna solitário, um forasteiro. Por isso, toda sociedade faz questão de matar o coração, e Jesus diz:

Só o coração pode ver o quanto você está vazio. O que você ganhou? Nenhuma bênção ainda? Todo o passado foi uma coisa podre. E no futuro você vai repetir o passado: o que mais você pode fazer? Esta é a aflição de alguém como Jesus, de alguém como Buda. Ele se sente infeliz por você.

Isso é sobre você. Não pense "eles" – "eles" significa "você". Quando você conseguir sair da sua embriaguez, você se arrependerá.

Essa palavra, *arrepender-se*, tornou-se muito significativa. Todo o cristianismo depende do arrependimento; nenhuma outra religião dependeu tanto do arrependimento.

O arrependimento é belo se vem do coração, se você perceber, "Sim, Jesus está certo, nós estamos desperdiçando a nossa vida". Esse desperdício é o pecado – não que Adão tenha cometido o pecado – esse desperdício da sua vida, da possibilidade, da potencialidade, da oportunidade de crescer e se tornar semelhante a Deus ou de se tornarem deuses, desperdiçando este tempo, desperdiçando-o com coisas fúteis, coletando coisas inúteis. E quando você se tornar consciente, você se arrependerá. E se esse arrependimento vier do coração, ele irá purificá-lo. Nada purifica como o arrependimento. E essa é uma das coisas mais belas do Cristianismo.

[...] porque eles estão cegos em seus corações e não veem que vazios vieram ao mundo e vazios querem sair do mundo outra vez.

No hinduísmo não há um ensinamento sobre o arrependimento; eles não trabalharam essa chave de forma alguma. Ela é exclusiva do Cristianismo. Se você se arrepender totalmente, se vier do coração, se chorar e soluçar, se todo o seu ser sente e se arrepende de ter desperdiçado a oportunidade dada pela existência, você não foi grato, você se comportou mal, você maltratou o seu próprio ser... você sente o pecado.

Isso é o pecado! Não que você tenha assassinado alguém ou que tenha roubado alguma coisa; isso não é nada. Esses são pecados menores, que nascem desse pecado original: que você tenha se embriagado. Você abre os olhos, seu coração está cheio de arrependimento e então um grito, um grito parte do seu ser. Não há necessidade de palavras, você não precisa dizer a Deus: "Eu me arrependo, me perdoe". Não há necessidade – todo o seu ser se torna um arrependimento. De repente, você é purificado de todo o passado. Esta é uma das chaves mais secretas que Jesus entregou ao mundo.

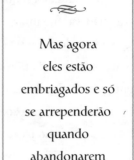

Mas agora eles estão embriagados e só se arrependerão quando abandonarem seu vinho.

Os jainistas dizem que você tem que resolver isso, é um longo processo: tudo o que você fez no passado deve ser desfeito. Se você cometeu um erro no passado, tem que ser desfeito. É matemático: se você cometeu um pecado, você tem que fazer algo para equilibrá-lo. E os hindus dizem que você cometeu tal pecado, que você está em tal ignorância – são tantas ações praticadas por ignorância! – e o passado é tão vasto que não é fácil sair dele. Muito mais obras serão necessárias, só então você poderá purificar o passado.

Mas Jesus deu uma bela chave. Ele diz: "Apenas se arrependa, e todo o passado é purificado. Parece ser uma coisa inacreditável, porque como ela pode acontecer? E essa é a diferença entre hindus, budistas, jainistas e cristãos. Hindus, budistas e jainistas nunca podem acreditar que isso pode acontecer apenas por arrependimento, porque não sabem o que é arrependimento. Jesus resolveu isso. É uma das chaves mais antigas.

Mas entenda o que é arrependimento. Apenas dizer as palavras não vai adiantar, e dizê-las sem entusiasmo também não. Quando todo o seu ser se arrepende – todo o seu ser pulsa, e você sente isso em cada poro, cada fibra, que você errou, e você errou porque estava embriagado, e agora você se arrepende – de repente há uma transformação. O passado desaparece, e a projeção do futuro a partir do passado desaparece; você é jogado para o aqui e agora, você é jogado para o seu próprio ser. E pela primeira vez você sente o nada interior. Não é um vazio num sentido negativo, é simplesmente que o templo é tão vasto, como o espaço...

Você está perdoado, diz Jesus; você está perdoado se se arrepender. O mestre de Jesus era João Batista. Todo o seu ensinamento era: "Arrependam-se porque o dia do julgamento está próximo!" Esse era todo o seu ensinamento. Ele era um homem muito selvagem, um grande revolucionário, e ele foi de um canto ao outro do seu país com apenas uma mensagem: "Arrependam-se porque o juízo final está muito próximo". Por isso os cristãos abandonaram completamente a teoria do renascimento. Não que Jesus não tivesse consciência do renascimento: ele sabia, ele sabia muito bem que existe um ciclo de renascimentos contínuos, mas ele abandonou completamente a ideia apenas para dar totalidade ao arrependimento. Se houver muitas vidas, seu arrependimento não pode ser total. Você pode esperar, pode adiar. Você pode pensar: "Se eu errei nesta vida, tudo bem. Na próxima vida..." Isso é o que os hindus têm feito – eles são as pessoas mais preguiçosas do mundo por causa dessa teoria. E a teoria está certa, esse é o problema; eles sempre podem adiar – não há pressa. Por que ter tanta pressa? É por isso que os hindus nunca se preocuparam com o tempo. Eles nunca inventaram relógios e, se deixássemos por conta deles, eles não os inventariam nunca. Assim, um relógio, para uma mente hindu, é realmente um elemento estranho: um relógio numa casa hindu não combina.

O relógio é uma invenção cristã porque o tempo é curto, ele passa rápido. Não é um relógio, é a vida escoando rapidamente pelos dedos. Esta morte será a final; você não pode adiar. Apenas para evitar o adiamento, Jesus e João Batista – que era seu mestre, que iniciou Jesus nos mistérios – todo o seu ensinamento depende disso: "Arrependam-se! Pois não há mais tempo, não adiem mais, porque então vocês estarão perdidos. Ele deu intensidade à coisa toda.

Se de repente eu disser: "Este será o último dia e amanhã o mundo vai desaparecer, uma bomba vai cair" e então eu disser: "Arrependa-se!", todo o seu ser vai estar focado, centrado, você vai estar no aqui e agora. E então virá um grito, um grito selvagem do seu ser. Ele não virá em palavras; será mais existencial do que isso: será do coração. Não apenas seus olhos chorarão, mas seu coração se encherá de lágrimas, todo o seu ser se encherá de lágrimas: você perdeu a chance.

Se esse arrependimento acontecer – com uma intensidade que o deixe alerta – todo o passado é purificado.

Não há necessidade de desfazê-lo. Não, porque ele nunca foi uma realidade. Foi um sonho; não há necessidade de desfazê-lo, apenas fique alerta. E com o sono, todos os sonhos e pesadelos vão desaparecer. Eles nunca existiram na realidade; eles foram seus pensamentos. E não seja preguiçoso, porque você tem adiado há muitas vidas. Você pode adiar por muito mais tempo: o adiamento é muito atraente para a mente. A mente sempre diz "amanhã" – sempre. Amanhã é o abrigo. Amanhã é o abrigo de todo pecado, e a virtude surge nesse momento.

Comece consigo mesmo

Se você está se sentindo infeliz, deixe que isso se torne uma meditação. Sente-se em silêncio, feche as portas. Primeiro sinta a infelicidade com tanta intensidade quanto possível. Sinta a dor. Alguém o insultou – ora, a melhor forma de evitar a dor é ir lá e insultar essa pessoa. Então, você fica ocupado com aquela pessoa – isso não é meditação.

Se alguém o insultou, sinta-se grato por essa pessoa ter dado a você a oportunidade de sentir uma ferida profunda. Essa pessoa abriu uma ferida em você – a ferida pode ser criada por muitos, muitos insultos que você sofreu em toda a sua vida. Essa pessoa pode não ser a causa de todo o sofrimento, mas desencadeou um processo.

Apenas feche a porta do seu quarto, sente-se em silêncio, sem raiva da pessoa, mas com total consciência do sentimento que está surgindo em você – a sensação de mágoa por ter sido rejeitado, por ter sido insultado. E então você ficará surpreso ao perceber que não só essa pessoa está ali, mas todos os homens e todas as mulheres e todas as pessoas que já insultaram você um dia começarão a vir à sua memória.

Você não apenas começará a se lembrar desses insultos, mas também a revivê-los. Você estará entrando numa espécie de primal – sinta a ferida, sinta a dor, não a evite. É por isso que, em muitas terapias, o paciente é instruído a não tomar nenhum medicamento antes do início da terapia, pela simples razão de que as drogas são uma forma de escapar da sua infelicidade interior. Elas não permitem que você veja suas feridas, elas as reprimem. Elas não permitem que você entre no seu sofrimento e, a menos que você entre no seu sofrimento, você não poderá se libertar da prisão que ele representa.

É perfeitamente científico abandonar todas as drogas antes de entrar numa terapia – se possível, até mesmo drogas como café, chá, tabaco, porque todas essas são maneiras de fugir.

Você já percebeu? Sempre que um fumante fica nervoso, imediatamente começa a fumar. É uma forma de evitar o nervosismo; ele fica ocupado com o cigarro. Na verdade, é uma regressão. Fumar faz você novamente se sentir uma criança – despreocupado, sem responsabilidades, porque fumar nada mais é do que um seio simbólico. A fumaça quente entrando no seu corpo leva você de volta aos dias em que você mamava no seio da sua mãe e o leite morno o alimentava; o mamilo agora se tornou o cigarro. O cigarro é um mamilo simbólico.

Através da regressão, você evita as responsabilidades e as dores de ser adulto. E é isso que acontece com muitas, muitas drogas. O homem moderno está drogado como nunca antes, porque o homem moderno vive em grande sofrimento. Sem drogas é impossível viver com tanto sofrimento. Essas drogas criam uma barreira; elas mantêm você drogado, elas não permitem que você tenha sensibilidade suficiente para conhecer sua dor.

A primeira coisa a fazer é fechar as portas e impedir qualquer tipo de ocupação – ver TV, ouvir rádio, ler um livro. Interrompa toda ocupação porque essa também é uma droga sutil. Apenas fique em silêncio, totalmente sozinho. Nem mesmo ore, porque isso também vai ser uma droga: você está se ocupando; você começa a falar com Deus; você começa a orar; você foge de si mesmo.

Seja você mesmo. Qualquer que seja a dor que isso provoque, e qualquer que seja o sofrimento que isso provoque, que seja assim. Primeiro experimente o sofrimento em sua intensidade total. Vai ser difícil; será de partir o coração. Você pode começar chorando como uma criança; você pode começar a rolar no chão, com uma dor profunda; seu corpo pode se contorcer inteiro. Você pode, de repente, tomar consciência de que a dor não está só no coração, está no corpo todo – que está doendo por toda parte, que está tudo dolorido, que todo o seu corpo não é nada além de dor.

Se você conseguir passar por essa experiência – ela tem uma tremenda importância –, então comece a absorvê-la. Não a jogue fora. É uma energia muito valiosa, não a jogue fora. Absorva-a, beba-a, aceite-a, dê as boas-vindas a ela. Sinta-se grato por isso. E diga a si mesmo: "Desta vez não vou evitar a dor; desta vez não vou rejeitá-la; desta vez não vou jogá-la fora. Desta vez vou bebê-la e recebê-la como a um convidado. Desta vez vou digeri-la.

Pode levar alguns dias até você conseguir digeri-la, mas um dia isso vai acontecer, você se deparou com uma porta que o levará muito, muito longe. Uma nova jornada começou em sua vida: você está avançando para um novo tipo de ser – porque imediatamente, no momento em que você aceita a dor sem nenhuma rejeição, sua energia e sua qualidade mudam. Não é mais dor. Na verdade, a pessoa fica simplesmente surpresa – ela não pode acreditar, é tão incrível. Ela não pode acreditar que o sofrimento pode ser transformado em êxtase, que a dor pode se tornar alegria.

Mas na vida cotidiana, você está ciente de que os opostos estão sempre unidos, que eles não são opostos, mas se complementam. Você sabe perfeitamente bem que seu amor pode a qualquer momento se tornar ódio, e seu ódio pode a qualquer momento se tornar amor. Na verdade, se você odiar demais, de maneira intensa e totalmente, esse ódio está fadado a se tornar amor.

Foi o que aconteceu com a pessoa chamada Saulo, que mais tarde tornou-se Paulo e fundou o fenômeno feio que é a igreja cristã. Jesus não é o fundador da igreja cristã – o fundador da igreja cristã é São Paulo. E a história dele vale a pena lembrar.

Quando ele nasceu, seu nome era Saulo. E ele era tão anticristo que toda a sua vida foi dedicada a destruir os cristãos e o Cristianismo. Ele dedicou a vida a perseguir os cristãos, destruindo qualquer possibilidade de Cristianismo no futuro e apagando o nome de Cristo. Ele deve ter odiado tremendamente; seu ódio não pode ter sido comum. Quando você dedica toda a sua vida ao objeto do seu ódio, ela será realmente total. De outra forma, quem se importa? Se você odeia algo, você não dedica a sua vida inteira a isso. Mas se você odeia totalmente, então isso se torna um problema de vida ou morte.

Perseguindo cristãos, destruindo cristãos, destruindo seus detentores de poder, discutindo com os cristãos, convencendo-os de que era um absurdo, de que esse homem, Jesus, era louco, um neurótico, um impostor, um hipócrita – um dia aconteceu, o milagre aconteceu. Saulo foi perseguir mais cristãos em outra cidade. No caminho, ele estava sozinho e, de repente, viu Jesus aparecendo do nada e perguntando a ele: "Por que você me persegue?"

Em estado de choque, de terror, ele caiu no chão, se desculpando, vertendo lágrimas grossas de arrependimento. A visão se desvaneceu e, com ela, o velho Saulo também. Para se lembrar dessa experiência, ele mudou seu nome para Paulo – o homem que ele era antes estava morto; um novo homem havia surgido. E ele se tornou o fundador da igreja cristã. Tornou-se um grande admirador de Jesus, o maior amante que o mundo já conheceu. O ódio pode se tornar amor.

Jesus não apareceu para ele; foi só a intensidade do ódio de Saulo que projetou Jesus. Não foi Jesus quem lhe perguntou: "Por que você me persegue?" Foi o seu próprio inconsciente, que sofria demais por causa desse ódio a Jesus. Foi o seu próprio inconsciente que lhe perguntou: "Por que você me persegue?" Foi o próprio inconsciente dele que se personificou na visão de Jesus. O milagre aconteceu porque o ódio era total.

Sempre que algo é total, ele se transforma no seu oposto. Esse é um grande segredo a ser lembrado. Sempre que algo é total, torna-se o seu oposto, porque não há como ir mais longe; você chega a um beco sem saída.

Observe um antigo relógio de pêndulo. Ele não para: o pêndulo vai para a esquerda, vai ao máximo para a esquerda, até que chega a um ponto em que não pode ir mais nessa direção, então ele começa a se mover para a direita.

Os opostos são complementares. Se você sentir seu sofrimento na sua totalidade, em grande intensidade, você ficará surpreso: Saulo torna-se Paulo. Você não vai acreditar quando acontecer pela primeira vez, que seu próprio sofrimento é absorvido naturalmente, é acolhido, torna-se uma grande bênção. A mesma energia que se torna ódio torna-se amor; a mesma energia que se torna dor torna-se prazer; a mesma energia que se torna sofrimento torna-se uma bênção.

Mas comece com você mesmo.

■ ■ ■

Seja grato a todos

A mente comum sempre joga a responsabilidade sobre outra pessoa. É sempre o outro que o faz sofrer. Sua esposa está fazendo você sofrer; seu marido está fazendo você sofrer; seus pais estão fazendo você sofrer; seus filhos estão fazendo você sofrer, ou o sistema financeiro da sociedade – o capitalismo, o comunismo, o fascismo, a ideologia política predominante, a estrutura social ou o destino, o karma, Deus... O que você disser.

As pessoas têm milhões de maneiras de fugir da responsabilidade. Mas no momento em que você diz que outra pessoa –fulano ou sicrano – está fazendo você sofrer, então não pode fazer nada para mudar isso. O que você pode fazer? Quando a sociedade mudar, quando vier o comunismo e um mundo sem classes, então todos serão felizes. Antes disso, não é possível. Como você pode ser feliz numa sociedade que é pobre? E como você pode ser feliz numa sociedade que é dominada pelos capitalistas? Como você pode ser feliz com uma sociedade que é burocrática? Como você pode ser feliz numa sociedade que não lhe dá liberdade?

Desculpas e desculpas e mais desculpas – desculpas só para evitar uma percepção única de que "sou responsável por mim mesmo. Ninguém mais é responsável por mim; a responsabilidade é exclusivamente minha. O que quer que eu seja, sou minha própria criação". Depois que você chegar a essa constatação – "Sou responsável pela minha vida, por todo o meu sofrimento, pela minha dor, por tudo que me aconteceu mim e está acontecendo comigo; eu escolhi que fosse desse jeito, essas são as sementes que plantei e agora estou colhendo a safra. Eu sou o responsável" –, depois que essa constatação se tornar um entendimento natural em você, todo o resto é simples. A vida começa a tomar um novo rumo, começa a passar para uma nova dimensão. Essa dimensão é conversão, revolução, mutação –, porque, depois que eu sei que sou responsável, também sei que posso mudar a qualquer momento que eu decidir. Ninguém pode me impedir de deixar isso para trás.

Alguém pode impedi-lo de abandonar sua infelicidade, de transformar sua infelicidade em bem-aventurança? Ninguém. Mesmo que você esteja numa cadeia, acorrentado, preso, ninguém poderá prendê-lo; sua alma ainda continua livre. Claro que você tem uma situação muito limitada, mas, mesmo nessa situação limitada, você pode cantar uma canção. Você também pode chorar lágrimas de desamparo ou pode cantar uma música. Mesmo com correntes no pé você pode dançar; até o som das correntes vai servir de melodia para isso.

Alguém pode impedi-lo de abandonar sua infelicidade, de transformar sua infelicidade em bem-aventurança? Ninguém.

E seja grato a todos. Porque todo mundo está criando um espaço para você ser transformado – mesmo aquelas pessoas que acham que estão atrapalhando você, que acham que são suas inimigas. Seus amigos, seus inimigos, pessoas boas e pessoas más, circunstâncias favoráveis, circunstâncias desfavoráveis – todos estão criando o contexto no qual você pode ser transformado e tornar-se um buda. Seja grato a todos.

Certa vez, um homem veio e cuspiu no Buda, no rosto dele. É claro que seus discípulos ficaram furiosos. O discípulo mais próximo, Ananda, disse a ele: "Isso é demais!", e, fervendo de raiva, disse ao Buda: "Só me dê permissão para que eu possa mostrar a esse homem o que ele fez".

Buda enxugou o rosto e disse ao homem: "Obrigado, senhor. O senhor criou um contexto no qual pude ver se ainda posso ficar com raiva ou não. E eu não posso, e estou extremamente feliz. E o senhor também criou um contexto para Ananda: agora ele pode ver que ainda pode ficar com raiva. Muito obrigado – estamos muito gratos! De vez em quando, por favor, venha nos visitar. Sempre que tiver vontade de cuspir em alguém, peço que venha nos visitar".

Foi um choque para o homem, ele não podia acreditar nos próprios ouvidos, diante do que estava acontecendo. Ele foi esperando que conseguiria enfurecer o Buda. Ele fracassou. A noite inteira não conseguiu dormir; ele se revirou na cama e não conseguiu dormir. A ideia o assombrava continuamente – ele tinha cuspido no Buda, uma das coisas mais ofensivas que se pode fazer a alguém, e Buda permaneceu tão calmo e silencioso quanto antes, como se nada tivesse acontecido, enxugando o rosto e dizendo para ele: "Obrigado, senhor. E sempre que tiver o desejo de cuspir em alguém, peço que venha nos visitar".

Ele se lembrou daquilo várias e várias vezes. Aquele rosto, aquela calma e o rosto sereno, aqueles olhos compassivos. E quando o Buda disse obrigado, não foi apenas uma formalidade; ele ficou de fato muito grato. Todo o seu ser dizia que ele estava agradecido; toda a atmosfera agradeceu. Assim como o homem pôde ver que Ananda estava fervendo de raiva, ele viu também que o Buda estava tão sereno, tão amoroso, tão compassivo! Ele não conseguia se perdoar agora; o que tinha feito? Cuspido naquele homem – um homem como Buda!

Na manhã seguinte, bem cedo, ele voltou correndo, caiu aos pés do Buda e disse: "Me perdoe, senhor. Não consegui dormir a noite toda".

Buda disse: "Esqueça o que aconteceu. Não há necessidade de pedir perdão por algo que já passou. Tanta água já passou pelo Ganges". Buda estava sentado na margem do Ganges embaixo de uma árvore. Ele mostrou ao homem: "Veja, a todo momento tanta água corre rio baixo! Vinte e quatro horas se passaram – por que você ainda está carregando isso, algo que não é mais existencial? Esqueça tudo sobre isso.

Não há necessidade de pedir perdão por algo já passou.

"E não posso perdoá-lo, porque, em primeiro lugar, não fiquei com raiva de você. Se eu tivesse ficado com raiva, poderia perdoá-lo. Se você realmente precisa de perdão, peça a Ananda. Caia aos pés dele – ele vai gostar!"

Àqueles que ajudaram, àqueles que atrapalharam, àqueles que têm sido indiferentes – seja grato a todos, porque, juntos, eles estão criando o contexto em que os budas nascem, no qual você pode se tornar um buda.

E lembre-se, cada situação tem que se tornar uma oportunidade para meditar.

O que é meditação? Tomar consciência do que está fazendo, tomar

O que é meditação? Tomar consciência do que está fazendo, tomar consciência do que está acontecendo a você.

consciência do que está acontecendo a você. Alguém o insulta – tome consciência. O que acontece a você quando o insulto o atinge? Medite sobre isso; isso é mudar toda a *gestalt*. Quando alguém o insulta, você se concentra na pessoa – "Por que essa pessoa está me insultando? Quem ela pensa que é? Como posso me vingar?" Se ela for muito poderosa, você tem que se render, você começa a abanar o rabo. Se ela não for muito poderosa e você vir que ela é fraca, você se lança sobre ela. Mas você esquece você mesmo completamente quando acontece isso; o outro se torna o foco. Isso é perder uma oportunidade de meditação. Se alguém insultar você, medite.

> Gurdjieff contava: *"Quando meu pai estava morrendo, eu tinha apenas 9 anos. Ele me chamou perto da cama e sussurrou em meu ouvido: 'Meu filho, não deixo muito para você, não em coisas mundanas, mas tenho uma coisa a dizer que meu pai me contou no seu leito de morte. E isso me ajudou tremendamente; foi um tesouro para mim. Você ainda é pequeno, talvez não entenda o que estou dizendo, mas guarde, lembre-se disso. Um dia você será adulto e então poderá entender. Essa é uma chave: ela abre as portas de grandes tesouros.'"*
>
> *É claro que Gurdjieff não conseguiu entender naquele momento, mas foi o que mudou toda a vida dele. E o pai dele disse uma coisa muito simples. Ele disse: "Sempre que alguém insultar você, meu filho, diga a essa pessoa que você vai meditar sobre isso por vinte e quatro horas e depois virá com uma resposta".*
>
> *Gurdjieff não podia acreditar que aquilo era uma chave tão grande assim. Ele não podia acreditar que aquilo era algo tão valioso que ele*

tivesse que se lembrar. E podemos perdoar uma criança pequena de 9 anos de idade. Mas como isso foi algo dito por seu pai moribundo – que o amava muito, e imediatamente depois de dizer isso, ele deu seu último suspiro – aquilo ficou impresso nele; ele não conseguia esquecer. Sempre que ele se lembrava do pai, ele se lembrava também das palavras dele.

Sem entender de fato, ele começou a praticar. Se alguém o insultava, ele dizia: "Senhor, por vinte e quatro horas tenho que meditar sobre isso – isso é o que meu pai me disse. E ele não está mais aqui e não posso desobedecer a um velho homem morto. Ele me amava muito e eu o amava muito, e agora não há como desobedecê-lo. Você pode desobedecer a seu pai quando ele está vivo, mas quando seu pai está morto, como você pode desobedecê-lo? Então, por favor, me perdoe, eu venho depois de vinte e quatro horas e lhe respondo".

E ele dizia: "Meditar sobre isso por vinte e quatro horas me deu os maiores insights *sobre o meu ser. Às vezes achava que o insulto estava correto, que sou assim mesmo. Então eu ia até a pessoa e dizia: 'Senhor, obrigado, o senhor tem razão. Não era um insulto, era simplesmente a declaração de um fato. O senhor me chamou de burro; eu sou.'*

"Ou às vezes aconteceu de eu meditar por vinte e quatro horas e perceber que aquilo era uma mentira absoluta. Mas, se algo é mentira, por que se ofender com isso? Então eu nem mesmo procurava a pessoa para dizer que era mentira. Uma mentira é uma mentira – por que me incomodar com isso?"

Mas observando, meditando, aos poucos, bem lentamente, ele foi ficando mais e mais consciente das suas reações, em vez de focar as ações dos outros.

Observe: tudo o que surgir do ego, tudo o que for uma viagem do ego, desconecte-se imediatamente disso. Até se demorar um pouco mais com isso é perigoso, porque vai dar mais energia a isso. No momento em que você perceber que algo é uma viagem do ego, imediatamente desconecte-se. E todo mundo sabe quando está embarcando numa viagem do ego. Não é uma arte a ser aprendida; todo mundo nasce isso. Você sabe! Você pode embarcar numa viagem do ego, apesar do seu conhecimento, isso é outra história, mas você sabe. Sempre que o orgulho irrompe dentro de você, sempre que o ego levanta a sua cabeça, você sabe. Corte a cabeça dele imediatamente, com um único golpe.

E tudo de bom que acontecer a você, compartilhe imediatamente. Essa é uma das coisas mais fundamentais. Não guarde; não seja um avarento. Se o amor surgiu, compartilhe-o, regue-o. Se não conseguir encontrar pessoas, regue as árvores, as pedras, mas regue. Não o guarde – porque, se você o guarda, ele se transforma em veneno; se você retê-lo, ele se torna azedo e amargo. Compartilhe. Quanto mais você compartilha, mais você recebe de fontes desconhecidas. Devagar, bem devagar, você passa a conhecer os caminhos da economia interior.

A economia exterior é: guarde, entesoure, se quiser ter as coisas. E a economia interior é exatamente o oposto: guarde e você não vai ter isso. Dê, e você terá; dê mais, e você terá mais ainda.

3

Deixar de Ser Muitos e se Tornar Um

No momento em que você abandona os falsos valores impostos a você, o ressentimento também desaparece.

E, lembre-se, quando seu ressentimento desaparece, pela primeira vez, você consegue ser amoroso com seu pai, sua mãe, seus irmãos, suas irmãs, seus professores – porque você tem a compreensão de que, seja o que for que eles fizeram, não havia uma má intenção por trás disso. Eles estavam simplesmente fazendo a você o que os professores e os pais deles fizeram com eles. Você terá uma profunda compaixão por eles. Você verá um outro sentimento brotando em você, de amor – e de tristeza também, porque essas pessoas erraram.

O dia em que você conseguir ficar triste porque seu pai e sua mãe desperdiçaram a vida deles, você acha que ainda vai ficar com raiva deles? Você vai sentir um grande amor. Basta visitá-los de vez em quando e compartilhar seu amor, compartilhar sua música, compartilhar sua dança. Eles ficarão surpresos, e você também ficará surpreso. Eles ficarão surpresos que aquele menino, que sempre foi um encrenqueiro na família, tornou-se tão pacífico, tão sereno, apenas um lago silencioso cheio de flores de lótus.

E você ficará surpreso ao ver que eles não estão tratando da maneira que costumavam tratar. Na verdade, você verá que eles querem entender o que aconteceu com você. Você está tão belo, você parece um ser totalmente novo – o que aconteceu? Eles gostariam de saber, e eles desejariam, se possível, estar no mesmo espaço em que você está.

■ ■ ■

Pai-adulto-criança

O homem é uma multidão. Uma multidão de muitas vozes – relevantes, irrelevantes, coerentes, incoerentes, cada voz manipulando à sua maneira, todas as vozes separando você. Normalmente o homem é uma bagunça, praticamente um tipo de loucura. Você de alguma forma consegue, de alguma forma você consegue parecer são. No fundo, camadas e camadas de insanidade estão fervilhando dentro de você. Eles podem entrar em erupção a qualquer momento. Seu controle pode ser perdido a qualquer momento, porque seu controle é imposto de fora. Não é uma disciplina que tenha vindo do centro do seu ser.

Por razões sociais, razões econômicas, razões políticas, você impôs um certo caráter a si mesmo. Mas existem muitas forças vitais contra esse personagem dentro de você; elas estão continuamente sabotando seu personagem. Assim, todos os dias você continua cometendo muitos erros, muitos enganos. Mesmo que às vezes você sinta que nunca quis cometê-los; apesar de si mesmo, você continua cometendo muitos erros – porque você não é um, você é muitos.

Um homem como Gautama Buda não chama esses erros de "pecados", porque chamá-los de pecado seria condenar você. Ele simplesmente chama esses erros de contravenções, enganos, erros. Errar é humano; não errar é divino. E o caminho do ser humano para o divino passa pela atenção plena.

Essas muitas vozes dentro de você podem parar de torturar você, de puxar você, de empurrar você. Essas muitas vozes podem desaparecer se você se tornar consciente.

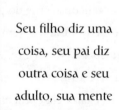

Seu filho diz uma coisa, seu pai diz outra coisa e seu adulto, sua mente racional, diz outra coisa.

Num estado consciente, os erros não são cometidos – não que você os controle, mas num estado consciente, num estado de alerta, perceptivo, as vozes, as muitas vozes cessam. Você simplesmente se torna uno, e tudo o que você faz vem do âmago do seu ser. Nunca é errado. Isso tem que ser entendido.

Na linguagem do moderno Movimento do Potencial Humanista, existe um paralelo para entendê-lo. É o que a Análise

Transacional chama de triângulo do "PAC". "P" significa "pai"; "A" significa "adulto"; "C" significa "criança". Essas são suas três camadas, como se você fosse um de três andares de um prédio. O primeiro andar é o da criança; o segundo andar é o dos pais; o terceiro andar é o do adulto. Todos os três existem juntos.

Esse é o seu triângulo e conflito interiores. Seu filho diz uma coisa, seu pai diz outra coisa e seu adulto, sua mente racional, diz outra coisa.

A criança diz "desfrute"

Para a criança, esse momento é único; ela não tem outras considerações. A criança é espontânea, mas inconsciente das consequências – inconsciente do passado, inconsciente do futuro. Ela vive o momento. Ela não tem valores e não tem atenção plena, não tem percepção consciente. A criança consiste em conceitos sentidos; ela vive através do sentimento. Todo o seu ser é irracional.

Claro, ela entra em muitos conflitos com os outros. Ela tem muitas contradições dentro de si mesma, porque um sentimento o ajuda a fazer uma coisa, então, de repente, começa a brotar dentro dela outro sentimento. Uma criança nunca pode completar nada. No momento em que ela consegue completar uma coisa, seu sentimento mudou. Ela começa muitas coisas, mas nunca chega a nenhuma conclusão. A criança permanece inconclusiva.

A criança desfruta – mas esse desfrute não é criativo, não pode ser criativo. A criança se deleita – mas a vida não pode ser vivida apenas através do deleite. Você não pode continuar sendo criança para sempre. Você terá que aprender muitas coisas, porque você não está sozinho aqui. Se você estivesse sozinho, então não haveria dúvida – você poderia continuar sendo criança para sempre! Mas a sociedade existe; milhões de pessoas existem. Você tem que seguir muitas regras, você tem que seguir muitos valores – caso contrário, haveria tanto conflito que a vida se tornaria impossível. A criança tem que ser disciplinada – e é aí que entra o pai.

Controle dos pais

A voz dos pais em você é a voz da sociedade, da cultura, da civilização, a voz que o torna capaz de viver num mundo onde você não está sozinho – onde há muitos indivíduos com ambições conflitantes, onde há muita luta pela sobrevivência, onde há muitos conflitos. Você tem que pavimentar o seu caminho, e você tem que se mover por aí com muito cuidado. A voz dos pais é de cautela. Ela o torna civilizado. A criança é selvagem; a voz dos pais ajuda você a se tornar civilizado. A palavra "civil" é boa. Ela significa "aquele que se tornou capaz de viver numa cidade, que se tornou capaz de ser membro de um grupo, de uma sociedade."

A criança é muito ditatorial – a criança pensa que é o centro do mundo. O seu pai tem que lhe ensinar que você não é o centro do mundo, que todo mundo pensa assim, mas o seu pai tem que deixá-lo cada vez mais alerta de que existe muita gente no mundo, você não está sozinho. Você tem que considerá-los se quiser ser considerado pelas outras pessoas. Caso contrário, você vai ser esmagado. É uma pura questão de sobrevivência, de política, de politicagem. A voz dos seus pais dá a você mandamentos – o que fazer e o que não fazer. O "sentimento" simplesmente passa pela vida cego – o pai torna você cauteloso. É necessário.

E então existe a terceira voz dentro de você, a terceira camada, quando você se torna adulto e não é mais controlado pelos seus pais. Sua própria razão atingiu a maioridade; você pode pensar por si só.

A criança consiste em conceitos *sentidos*, o pai consiste em conceitos *ensinados*, e o adulto consiste em conceitos *pensados*. E essas três camadas estão continuamente em confronto. A criança fala uma coisa, o pai diz exatamente o contrário, e a razão adulta pode dizer algo totalmente diferente.

Você vê uma comida apetitosa – a criança diz para comer o quanto quiser. A voz dos pais diz que muitas coisas precisam ser levadas em consideração – se você está realmente sentindo fome ou o cheiro da comida, o sabor da comida, é o único apelo. Esse alimento é realmente nutritivo? Vai nutrir seu corpo ou pode se tornar prejudicial para você? Espere, ouça, não se apresse. E depois vem a mente racional, a mente adulta, que pode dizer algo totalmente diferente.

Não há necessidade de que sua mente adulta concorde com seus pais. Seus pais não eram oniscientes; eles não sabiam tudo. Eles eram seres humanos tão falíveis quanto você, e muitas vezes você encontra brechas no pensamento deles. Muitas vezes você os acha muito dogmáticos, supersticiosos, acreditavam em coisas tolas, ideologias irracionais. Seu adulto diz não; seu pai diz faça isso. Seu adulto diz que não vale a pena fazer, e a sua criança vai puxá-lo em outra direção. Esse é o triângulo dentro de você.

O triângulo dentro de você

Se você ouvir a criança, seus pais ficarão com raiva. Então uma parte se sente bem – você pode continuar comendo quanto sorvete quiser –, mas seu pai interior sente raiva. Uma parte de você começa a condenar, e então você começa a se sentir culpado. A mesma culpa surge, assim como costumava surgir quando você era realmente uma criança. Você não é mais uma criança – mas a criança não desapareceu. Ela está lá; é apenas o seu andar térreo, sua própria base, seu alicerce. Se você seguir a criança, se você seguir o sentimento, o pai está com raiva e então você começa a sentir culpa. Se você seguir os pais, sua criança sentirá que está sendo forçada a fazer coisas que não quer fazer. Então, sua criança sente que estão interferindo na vida dela desnecessariamente, invadindo a vida dela desnecessariamente. A liberdade é perdida quando você ouve o pai, e sua criança começa a se sentir rebelde.

Se você ouvir os pais, sua mente adulta dirá: "Que bobagem! Essas pessoas nunca souberam de nada". Você sabe mais; você está mais em sintonia com o mundo moderno; você é mais contemporâneo. Essas ideologias são apenas ideologias mortas, obsoletas –, por que você está incomodado com elas? Se você ouvir a sua razão, então você também vai se sentir como se estivesse traindo os seus pais. Mais uma vez, surge a culpa.

O que fazer? E é quase impossível encontrar algo em que todas essas três camadas concordem. Isso é ansiedade humana. Não, nunca todas essas três camadas concordam entre si. Elas nunca estarão de acordo.

Agora, existem professores que acreditam na criança. Eles enfatizam mais a criança. Por exemplo, Lao-Tzu. Ele diz: "O acordo não virá. Liberte-se dessa voz paterna, desses mandamentos, desses Antigos Testamentos. Abandone todos os 'deverias' e volte a ser criança". Isso também é o que Jesus diz. Lao-Tzu e Jesus, a ênfase deles é: volte a ser criança porque só com a criança você vai conseguir recuperar a sua espontaneidade, você vai voltar a fazer parte do fluxo natural, o Tao.

A mensagem deles é bonita, mas parece quase impraticável. Às vezes, sim, acontece – uma pessoa vira criança de novo. Mas é tão excepcional que não é possível pensar que a humanidade um dia voltará a ser criança. É lindo como uma estrela: longe, distante, mas fora de alcance.

E existem também outros professores – Mahavira, Moisés, Maomé, Manu – eles dizem: ouça a voz dos pais, ouça a moral, o que a sociedade diz, o que lhe foi ensinado. Ouça e siga. Se você quer viver à vontade no mundo, se você quer ter paz no mundo, ouça o pai. Nunca vá contra a voz dos pais. Isso é o que o mundo tem seguido, até certo ponto. Mas por isso você nunca é espontâneo, nunca é natural. Está sempre se sentindo confinado, enjaulado. E quando você não se sente livre, você pode se sentir em paz, mas essa tranquilidade é inútil. A menos que a paz venha com a liberdade, você não pode aceitá-la. A menos que a paz venha com felicidade, você não pode aceitá-la. Ela traz praticidade, conforto, mas sua alma sofre.

Sim, algumas pessoas conseguiram através da voz dos pais, realmente alcançaram a verdade. Mas isso também é muito raro. E esse mundo se foi. Talvez no passado, Moisés, Manu e Maomé tenham sido úteis. Eles ofereceram mandamentos ao mundo: "Faça isso, não faça aquilo". Eles fizeram coisas simples, muito simples. Eles não deixaram nada para você decidir; eles não confiaram que você seria capaz de decidir. Eles simplesmente lhe deram uma fórmula pronta: "Estes são os dez mandamentos para serem seguidos. Você simplesmente os segue e tudo o que você espera, tudo o que você deseja, acontecerá em consequência. Apenas seja obediente".

Todas as antigas religiões enfatizavam demais a obediência. "A desobediência é o único pecado" – isso é o que o Cristianismo diz. "Adão e Eva foram expulsos do Jardim do Éden porque desobedeceram. Deus havia dito para não comerem do fruto da árvore do conhecimento e eles desobedeceram. Esse foi o único pecado deles. Mas toda criança está cometendo esse pecado! O pai diz: "Não fume", e a criança experimenta. O pai diz: "Não vá ao cinema", e ela vai. A história de Adão e Eva é a história de cada criança. E depois da condenação, da expulsão...

A obediência é religião para Manu, Maomé, Moisés. Mas esse mundo já era, e através dele muitos não alcançaram. Muitos se tornaram pacíficos, bons cidadãos – bons membros, membros respeitáveis da sociedade – mas não muito mais do que isso.

Depois, há a terceira ênfase, a de ser adulto. Confúcio, Patanjali ou agnósticos modernos – Bertrand Russell, todos os humanistas do mundo – eles todos enfatizam: "Acredite apenas em sua própria razão". Isso parece muito difícil, tanto que toda a vida se torna apenas um conflito, porque você foi criado por seus pais, você foi condicionado por seus pais. Se você ouvir apenas sua razão, você tem que negar muitas coisas em seu ser. Na verdade, toda a sua mente tem que ser negada. Não é fácil apagá-la. Também, como criança, você nasceu sem razão. Isso também está na sua mente.

Basicamente, você é um ser que sente; a razão vem muito depois. Ela vem quando, de fato, tudo o que tinha que acontecer já aconteceu. Os psicólogos diriam que a criança já tem quase setenta e cinco por cento de todo o seu conhecimento aos 7 anos de idade. Setenta e cinco por cento de todo o seu conhecimento ela aprendeu até os 7 anos de idade, cinquenta por cento, até quatro anos de idade. Todo o aprendizado acontece quando você é criança, e a razão é um processo muito tardio.

É muito difícil viver pela razão. As pessoas tentaram – um Bertrand Russell aqui e ali –, mas ninguém alcançou a verdade por meio dela, porque só a razão não basta. Todos esses ângulos foram escolhidos e experimentados, e nada funcionou.

Mova-se no próprio centro

O ponto de vista de Buda é totalmente diferente – essa é sua contribuição original à consciência humana. Ele diz para não escolher nenhum dos três. Ele diz: "mova-se no centro do triângulo. Não escolha a razão, não escolha o pai, não escolha a criança – apenas vá para o centro do triângulo, permaneça em silêncio e fique atento – a sua abordagem é extremamente significativa – a partir dela você poderá ter uma perspectiva clara do seu ser. E deixe a resposta vir a partir dessa perspectiva e clareza."

Podemos dizer de outra maneira: se você vive como uma criança, essa é uma reação infantil. Muitas vezes você age como uma criança. Alguém diz algo e você se machuca – e faz birra e tem raiva, e tem temperamento forte, você perde o controle. Mais tarde, você se sente muito mal por isso – você perdeu sua reputação: todo mundo achava que você era tão sensato, e você foi tão infantil... E por algo tão banal! Ou você segue a voz dos pais, mas depois pensa que ainda é dominado por seus pais. Você ainda não se tornou um adulto, maduro o suficiente para tomar as rédeas da vida própria vida. Ou às vezes você segue a razão, mas depois pensa que a razão não é suficiente, o sentimento também é necessário. E sem sentir, um ser racional torna-se apenas uma cabeça; ele perde contato com o corpo, ele perde contato com a vida, ele se desconecta. Ele funciona apenas como um mecanismo de pensamento. Mas o ato de pensar não pode torná-lo vivo; no ato de pensar não encontramos o sumo da vida. Ele é uma coisa muito seca. Por isso você anseia; você anseia por algo que possa permitir que suas energias fluam outra vez, que lhe permita novamente que você seja vivo, jovem e verdejante.

Isso continua, e você continua perseguindo seu próprio rabo.

Buda diz que todas essas são reações, e qualquer reação fatalmente será parcial. Apenas a resposta é total, e tudo o que é parcial é um erro. Essa é a definição de erro do Buda: tudo o que é parcial é um erro, porque suas outras partes permanecerão insatisfeitas e vão se vingar. Seja total. A resposta é total; a reação é parcial.

Quando você ouve uma voz e a segue, você está arranjando problema. Você nunca ficará satisfeito com isso. Apenas uma parte ficará satisfeita; as outras duas partes ficarão muito insatisfeitas. Portanto, dois terços do seu ser ficarão insatisfeitos, um terço do seu ser ficará satisfeito, e você viverá num eterno tumulto. Faça o que fizer, a *reação* nunca poderá satisfazê-lo porque a reação é parcial.

A resposta – a *resposta* é total. Por isso você não funciona a partir de qualquer triângulo. Você não escolhe; você simplesmente permanece num estado de percepção sem escolha. Você permanece centrado. E a partir desse centramento, você age, seja o que for. Não é nem filho, nem pai, nem adulto. Você vai além do "PAC" (Pai, Adulto, Criança). É *você* agora – nem a criança, nem o pai, nem o adulto. É você, seu ser. Esse PAC é como um ciclone, e seu centro é o centro do ciclone.

Assim, sempre que houver necessidade de responder, a primeira coisa, Buda diz, é tornar-se consciente. Torne-se consciente. Lembre-se do seu centro. Fique ancorado no seu centro. Fique ali por alguns instantes antes de fazer qualquer coisa. Não há necessidade de pensar, porque o pensamento é parcial. Não há necessidade de sentir isso, porque o sentimento é parcial. Não há necessidade de encontrar pistas dos seus pais, na Bíblia, no Alcorão, no Gita – eles são todos "P" – não há necessidade. Você simplesmente permanece tranquilo, silencioso. Simplesmente alerta: observando a situação como se você estivesse absolutamente fora de si mesmo, distante, um observador nas colinas.

Este é o primeiro requisito: estar centrado sempre que quiser agir. Em seguida, a partir desse centramento, deixe o ato surgir – e seja o que você fizer será virtuoso, tudo o que fizer será correto.

Olhar para trás, olhar para dentro

Arrependimento significa consciência em retrospectiva; arrependimento significa olhar para trás.

Você fez alguma coisa. Se você estivesse consciente, então nada de errado poderia ter acontecido, mas você não estava consciente no momento que agiu. Alguém o insultou; você ficou com raiva, você bateu na cabeça da pessoa. Você não estava consciente do que estava fazendo. Agora os ânimos não estão mais exaltados; a situação se resolveu; você não está mais com raiva, pode olhar para trás com mais facilidade. Você perdeu a consciência naquele momento.

O melhor era ter consciência naquele momento, mas você não teve, e agora não há por que chorar o leite derramado. Mas você pode olhar, você pode trazer consciência para isso que já aconteceu.

> Arrependimento significa consciência em retrospectiva; arrependimento significa olhar para trás.

Isso é o que Mahavira chama de *pratikraman*: olhar para trás – o que Patanjali chama de *pratyahar*: olhar para dentro. Isso é o que Jesus chama de arrependimento. Isso é o que Buda chama de *paschatap*. Não é sentir que lamenta, não é apenas se sentir mal com isso – porque isso não vai ajudar. É se tornar consciente. É reviver a experiência como ela deveria ter sido. Você tem que entrar nela novamente.

Você perdeu a consciência naquele momento; você estava sobrecarregado pela inconsciência. Agora que as coisas estão mais tranquilas, você pode ter consciência, ter a luz da consciência de volta. Você recapitula aquele incidente de novo; você olha para ele novamente como você deveria ter feito. Ele se foi, mas você pode fazê-lo em retrospectiva em sua mente. Esse olhar para trás, esse olhar continuamente para trás, fará você cada vez mais consciente.

Existem três estágios. Você fez algo, então você fica consciente – primeira etapa. Segunda etapa: você está fazendo alguma coisa e fica consciente. E terceira etapa: você vai fazer alguma coisa e você fica consciente. Só na terceira fase a sua vida será transformada. Mas os dois primeiros são necessários para o terceiro; são passos necessários.

Sempre que você puder se tornar consciente, torne-se consciente. Você estava com raiva – agora sente-se, medite, tome consciência do que ocorreu. Normalmente fazemos isso, mas pelas razões erradas. Fazemos isso para colocar nossa imagem de volta no lugar certo. Você sempre acha que é uma pessoa muito amorosa, cheia de compaixão, e então de repente você fica com raiva. Agora a sua imagem está distorcida aos seus próprios olhos. Você sente uma espécie de arrependimento. Você vai até a pessoa e diz: "Sinto muito".

O que você está fazendo? Está pintando a sua autoimagem outra vez. Seu ego está tentando pintar a imagem outra vez porque ela se esfacelou aos seus próprios olhos, você caiu aos olhos dos outros. Agora você está tentando racionalizar.

Pelo menos você pode dizer à pessoa: "Eu sinto muito. Eu não tinha intenção. Eu não sei como isso aconteceu, eu não sei que força maligna tomou conta de mim, mas sinto muito. Me perdoe". Você está tentando voltar ao mesmo nível em que estava antes de ficar com raiva.

O verdadeiro arrependimento é lembrá-lo, é entrar nos detalhes com plena consciência do que aconteceu, retroceder, reviver a experiência.

Reviver a experiência é como relaxar; ela apaga.

Esse é um truque do ego; não é arrependimento de verdade. Você vai fazer a mesma coisa outra vez.

O verdadeiro arrependimento é lembrá-lo, é entrar nos detalhes com plena consciência do que aconteceu, retroceder, reviver a experiência. Reviver a experiência é como relaxar; ela apaga.

E não só isso – ela torna você capaz de mais consciência, porque a consciência é praticada quando você se lembra dela, quando você está novamente se tornando consciente do incidente passado. Você passa a ter uma disciplina na consciência, na atenção plena. Da próxima vez, você tomará consciência um pouco antes.

Desta vez você estava com raiva; depois de duas horas você esfriou a cabeça. Da próxima vez, depois de uma hora, você vai esfriar a cabeça. Na vez seguinte, depois de alguns minutos. E na seguinte, assim que acontecer, você vai se acalmar e será capaz de ver. Pouco a pouco, numa lenta progressão, chegará o dia em que você se pegará em flagrante assim que ficar com raiva. E essa é uma bela experiência – pegar-se no flagra, cometendo um erro. Então, de repente, toda a qualidade muda porque, sempre que a consciência penetra no seu ser, as reações se interrompem.

Essa raiva é uma reação infantil, é a criança em você. Ela vem do "C". E mais tarde, quando você se sentir arrependido, a reação vem do "P", do pai. O pai obriga você a sentir arrependimento e pedir perdão. Você não tem sido bom para a sua mãe ou para o seu tio – vá acertar as coisas.

Ou a reação pode vir do "A", da sua mente adulta. Você ficou com raiva, e mais tarde reconhece que isso vai ter consequências; vai causar uma perda financeira. Você ficou com raiva do seu chefe, agora está com medo. Agora você começa a pensar que ele pode demiti-lo ou pode ficar com raiva de você. Ele ia lhe dar um aumento de salário, agora pode não dar mais – mil e uma coisas podem acontecer – e você gostaria de consertar as coisas.

Quando um buda diz para você se arrepender, ele não está dizendo para agir como C ou P ou A. Ele está dizendo: quando você ficar consciente, sente-se, feche os olhos, medite sobre a coisa toda – torne-se um observador. Você perdeu o controle da situação, mas ainda assim algo pode ser feito a respeito disso: você pode simplesmente assistir. Você pode assistir assim como deveria ter assistido na ocasião. Pode praticar; isso será um ensaio, e, quando tiver observado toda a situação, você se sentirá muito bem.

Se depois você tiver vontade de pedir perdão, por nenhuma outra razão – nem pai, nem o adulto, nem a criança –, mas por pura compreensão, por pura meditação e constatação de que era errado... Não estava errado por nenhum outro motivo; estava errado porque você se comportou de forma inconsciente.

Deixe-me repetir:

Vá e peça perdão – não por qualquer outro motivo: financeiro, social, político, cultural – você simplesmente vai pedir perdão porque meditou a respeito e reconheceu, percebeu o fato de que agiu por desconhecimento; você feriu alguém sem perceber.

Você tem que ir e consolar a pessoa pelo menos. Você tem que ir e ajudar a pessoa a entender seu desamparo – que você é uma pessoa inconsciente, que você é um ser humano com todas as suas limitações, que você está arrependido. Não é vestir seu ego outra vez; é simplesmente fazer algo que sua meditação lhe mostrou. É uma dimensão totalmente diferente.

Normalmente o que fazemos? Ficamos na defensiva. Se você ficou com raiva da sua esposa ou do seu filho, você fica na defensiva; você diz que tinha que ser feito assim, que era necessário. Era necessário pelo bem da criança. Se você não estiver com raiva, como você vai disciplinar a criança? Se você não estiver com raiva de alguém, as pessoas vão tirar vantagem de você. Você não é um covarde; você é um homem corajoso. Como você pode simplesmente deixar as pessoas fazerem coisas que não deveriam fazer com você? Você tem que reagir.

Você fica na defensiva; você racionaliza. Se continuar racionalizando seus erros... E todos os erros podem ser racionalizados, lembre-se disso. Não existe um único erro que não possa ser racionalizado. Você pode racionalizar tudo. Mas a pessoa que racionaliza tudo é obrigada ficar cada vez mais inconsciente, cada vez mais profundamente inconsciente. Se você continuar se defendendo, não conseguirá se transformar. Você tem que reconhecer que há algo errado. O próprio reconhecimento ajuda nessa mudança.

> Se você continuar se defendendo, não conseguirá se transformar. Você tem que reconhecer que há algo errado. O próprio reconhecimento ajuda nessa mudança.

Normalmente, mesmo que às vezes reconheçamos que "Sim, algo errado aconteceu", nós não tentamos nos reformar; apenas tentamos reformar nossa imagem. Queremos sentir que todo mundo nos perdoou. Queremos que todos reconheçam que estávamos errados, mas que pedimos perdão e todo o mal foi reparado. Estamos novamente em nosso pedestal. A imagem esfacelada é colocada de volta no trono. Nós não nos reformamos.

Você pediu perdão muitas vezes, mas continua fazendo a mesma coisa. Isso simplesmente mostra que o pedido de perdão foi um ato político, um truque para manipular as pessoas – mas você continuou o mesmo, você não mudou em nada. Se você realmente pediu perdão pela sua raiva ou qualquer ofensa contra alguém, essa raiva ou ofensa não pode acontecer novamente. Essa é a única prova de que você está realmente no caminho da mudança.

Observe quantas coisas você faz inconscientemente. Alguém diz algo e você fica com raiva. Não há sequer um único intervalo entre as palavras da pessoa e a sua raiva. É como se você fosse apenas um mecanismo – alguém aperta um botão e você perde a paciência. Assim como se você apertasse o botão e o ventilador começasse a se mover ou a luz acendesse. É instantâneo. O ventilador nunca pensa se deve começar a funcionar ou não; ele simplesmente funciona.

Isso é inconsciência; é falta de atenção. Alguém o insulta, e você é simplesmente controlado pelo insulto dessa pessoa. Mas, se você estiver consciente o suficiente para poder esperar vinte e quatro segundos antes de reagir, então está acabado! Você não vai ficar com raiva. Você deixou passar o momento de ficar com raiva, perdeu o trem; o trem saiu da plataforma. Bastam vinte e quatro segundos – experimente.

Portanto, não perca nenhuma oportunidade; sempre que puder, fique consciente. E esses são os melhores momentos – quando a inconsciência puxa você para o fundo. Se você conseguir usar esses momentos, se conseguir usar esses momentos

Se você realmente pediu perdão pela sua raiva ou qualquer ofensa contra alguém, essa raiva ou ofensa não pode acontecer novamente. Essa é a única prova de que você está realmente no caminho da mudança.

como desafios, a existência se tornará cada vez mais consciente em você. Um dia, sua consciência se torna uma chama contínua, uma chama eterna. Então, a existência estará perfeitamente desperta: sem sono, sem sonhos.

Esse é o significado da palavra "buda". "Buda" significa "aquele que se tornou absolutamente consciente". Em nenhuma situação ele perde a atenção plena. Sua atenção plena tornou-se tão natural quanto a respiração. Assim como você inspira e expira, exatamente da mesma maneira um buda inspira consciência e expira consciência. Sua centramento se tornou permanente. Ele não age com base em personalidades – a personalidade da criança, dos pais, do adulto – não. Ele age simplesmente de um ponto que está além de todas as personalidades.

Deixe-me repetir uma coisa para que você possa se lembrar.

Você tem três camadas: a criança, o pai, o adulto – e você não é nenhuma delas.

Você não é nem a criança, nem o pai, nem o adulto. Você é algo além disso; você é algo eterno; você é algo que está muito longe de todas essas partes em conflito, dessas partes conflitantes.

Não escolha; apenas fique atento e aja de acordo com sua atenção plena. Assim você será espontâneo como uma criança sem ser infantil. E lembre-se da diferença entre ser como uma criança e ser infantil. São duas coisas diferentes.

Se você agir com atenção plena, será como uma criança e, ainda assim, não será infantil. E se você agir a partir da sua atenção plena, estará seguindo todos os mandamentos sem seguir nenhum deles. E se você agir de acordo com sua atenção plena, seja o que fizer, será razoável. E ser razoável é ser de fato racional.

E lembre-se: razoabilidade é diferente de racionalidade. A razoabilidade é uma coisa muito diferente porque ela aceita a irracionalidade também como parte da vida. A razão é monótona; a racionalidade é monótona. A razoabilidade aceita a polaridade das coisas. Uma pessoa razoável é ao mesmo tempo uma pessoa que sente e uma pessoa de raciocínio. Portanto, se você agir com base no seu âmago, ficará tremendamente contente; contente porque todas as camadas serão preenchidas. A sua criança ficará satisfeita, porque você será espontâneo. Seu pai não vai se sentir zangado e culpado, porque tudo o que é bom vai ser feito por você naturalmente, não como uma disciplina exterior, mas como uma percepção interior.

Você seguirá os Dez Mandamentos de Moisés mesmo sem nunca ter ouvido falar deles; você seguirá naturalmente esses mandamentos. Foi assim que Moisés os recebeu – não na montanha, mas no pico interior. Você estará seguindo Lao-Tzu e Jesus – e pode nem ter ouvido falar sobre Lao-Tzu e Jesus. Foi aí que eles voltaram à infância novamente; onde eles nasceram. E você estará seguindo Manu e Mahavira e Maomé com muita naturalidade, e mesmo assim, não será irracional. Sua mente estará em total acordo com isso. Não vai ser contra sua racionalidade adulta. Sua racionalidade adulta estará totalmente convencida por ela, seu Bertrand Russell será convencido por ela. Então todas as suas três partes conflitantes se encaixam num todo. Você se torna uma unidade; você é um. E essas muitas vozes desaparecem. Você deixa de ser muitos, você se torna um. E ser um é o objetivo.

4

O Tao da Entrega

Você já percebeu uma coisa? É muito difícil enganar uma criança pequena. Mesmo as pessoas muito astutas acham bem difícil. Se uma criança pequena está carregando uma nota de cem reais, ninguém poderá enganar essa criança. Será muito difícil enganar a criança. Por quê? Por causa da confiança, da inocência, da própria inocência. E se você pegar o dinheiro da criança, nunca será capaz de perdoar a si mesmo. Essa lembrança irá assombrá-lo para todo o sempre; isso criará um inferno para você.

Você já percebeu? Você está sentado na plataforma de um trem e pede a um estranho que está sentado ao seu lado: "Por favor, poderia olhar minha bagagem enquanto compro a minha passagem?". Você está deixando suas malas, todas as suas coisas, nas mãos de um desconhecido. Quem sabe? Ele pode fugir com tudo, mas isso nunca acontece. Por que isso nunca acontece? Por causa da confiança. Como essa pessoa pode enganar você? Você confiou nela, um desconhecido. Se *você* estiver vigiando sua bagagem, ele pode roubar alguma coisa, isso é possível – mas, se você deixar sua bagagem aos cuidados dele e ir comprar um bilhete, é impossível. O que torna o roubo impossível?

A confiança tem seu próprio poder. A confiança tem sua própria energia, sua própria vibração. O próprio gesto de confiar em alguém torna isso impossível; a pessoa não pode enganá-lo.

Isso significa que, quando as pessoas o enganam, não é apenas culpa delas. Você também é culpado. Você deve estar carregando desconfiança em você, e elas sentiram a vibração. Se a confiança os impede de enganá-lo, então sua desconfiança nas pessoas deve estar criando uma atmosfera em que enganar se torna mais fácil para elas.

■ ■ ■

O homem que perdeu a memória

Uma história:

Na meia-idade, Hua-tzu de Yang-li in Sung perdeu a memória. Ele recebia um presente pela manhã e o esquecia à noite; dava um presente à noite e o esquecia pela manhã. Na rua, ele se esquecia de andar; em casa, ele se esquecia de sentar. Hoje ele não se lembrava de ontem; amanhã ele não se lembrava de hoje. A família dele estava preocupada com ele e pediu a um adivinho que lesse a sorte dele, mas o adivinho não teve sucesso. Eles convidaram um xamã para realizar um rito auspicioso, mas não fez diferença. Eles convidaram um médico para tratá-lo, mas não adiantou.

Havia um confucionista de Lu que, agindo como intermediário dele, afirmou que ele poderia curá-lo. A esposa de Hua-tzu e os filhos ofereceram metade das suas propriedades em troca da sua habilidade.

O confucionista disse a eles: "Isso claramente não é uma doença que possa ser adivinhada por meio de hexagramas e presságios, ou curada com orações auspiciosas, ou tratada com remédios e agulhas. Vou tentar reformar sua mente, mudar seus pensamentos; há uma boa chance de que ele se recupere.

Então o confucionista tentou despir Hua-tzu, e Hua-tzu procurou suas roupas; tentou matá-lo de fome, e ele procurou por comida; tentou fechá-lo num cômodo escuro, e ele procurou luz. O confucionista ficou encantado e disse aos filhos do homem:

"A doença é curável, mas minhas artes foram passadas secretamente através das gerações e não são reveladas a forasteiros. Vou excluir seus assistentes e ficar sozinho com ele em seu quarto por sete dias".

Os filhos concordaram, e ninguém sabia que métodos o confucionista tinha usado, mas a doença de muitos anos foi completamente dissipada numa única manhã.

Quando Hua-tzu acordou, ele estava muito zangado. Dispensou sua esposa, puniu seus filhos e afugentou o confucionista com uma lança. As autoridades de Sung o prenderam e queriam saber o motivo do seu comportamento.

– *Antigamente, quando eu esquecia – disse Hua-tzu – eu era ilimitado; não percebia se o céu e a terra existiam ou não. Agora, de repente eu me lembro de todos os desastres e recuperações, ganhos e perdas, alegrias e tristezas, amores e ódios de vinte ou trinta anos passados se erguem em mil tópicos emaranhados. Temo que todos os desastres e recuperações, ganhos e perdas, alegrias e tristezas, amores e ódios ainda por vir possam confundir meu coração. Nunca mais vou ter um momento de esquecimento?"*

Essa é uma das maiores parábolas de Lieh Tzu, fecunda de profundo significado e sabedoria. Baseada numa grande experiência do mundo interior da consciência, é paradoxal, mas indica algo absoluto. Vamos entrar nisso com muita suavidade, delicadeza, com cuidado. Ela tem muito a oferecer; tem muito a mostrar. Pode dar grande clareza a você em seu caminho.

Antes de entrarmos nela, alguns paradigmas do taoismo serão úteis.

Primeiro, o taoismo acredita que a memória é o problema. Por causa da memória, não estamos realmente vivos.

> A memória nos prende ao passado; nunca nos permite estar no presente.

A memória nos prende ao passado; nunca nos permite estar no presente. É um peso morto. E ela continua crescendo a cada dia. Todo dia o passado se torna maior e maior e maior. Cada dia, mais e mais experiências, mais e mais memórias se acumulam. E elas o prendem.

A criança está livre. Ele não tem passado. O velho não é livre. Ele tem um longo passado. A criança não tem para onde olhar; ela tem tudo o que esperar – ela tem o futuro apenas se abrindo para ela, uma grande aventura. O velho não tem nada no futuro. Tudo já aconteceu, e tudo o que aconteceu continua bagunçando a mente dele. É um peso que o puxa para baixo, para trás; não o deixa seguir com os tempos. Ele fica para trás.

A memória é como você estar enraizado no passado. A menos que você se torne tão livre de memória que não precise olhar para trás – a memória não perturba mais você; a memória não obscurece mais você –, você não será capaz de viver no presente. Se você não pode viver no presente, o futuro não lhe pertence – porque só se entra em contato com o futuro vivendo-se no presente. O futuro só se torna uma realidade vivendo-se no presente.

O presente é a porta pela qual o futuro entra e o passado sai. Se você está olhando para o passado, perderá o futuro, porque durante o tempo que você está olhando para o passado, o futuro está entrando no presente, e você não pode olhar para os dois lados simultaneamente. Você tem olhos para olhar para a frente; você não tem olhos na parte de trás da cabeça. A natureza nunca pretendeu que você olhasse para trás; caso contrário, seus olhos estariam na parte de trás da cabeça. A natureza pretende que você olhe para a frente; a natureza não lhe deu nenhum instrumento para olhar para trás.

Quando olha para trás, você tem que se virar, e enquanto você está olhando para trás e sua cabeça está voltada para o passado morto, o futuro está se transformando no presente. Você vai sentir falta desse nascimento; você sempre sentirá falta do futuro se transformando no presente – que é a única realidade que existe.

Agora, o que acontece? Se você está muito interessado no passado, preso demais às suas memórias, você começa a criar um futuro irreal na sua imaginação. Um homem muito apegado ao passado projeta o seu futuro também. Ele vive em sua memória, e através da sua memória ele cria um futuro imaginado. Ambos são irreais.

O passado não existe mais; você não pode vivê-lo novamente – não existe essa possibilidade. O que se foi, se foi para sempre, é impossível trazer de volta. Porque é impossível trazê-lo de volta, você começa a imaginar um tipo semelhante de futuro, algo semelhante – um tipo semelhante de futuro, algo parecido – um pouquinho mais decorado, um pouco mais doce, um pouco melhor. Você começa a imaginar um futuro, mas esse futuro é baseado em sua experiência passada. Em que mais poderia ser baseado?

Você amou uma mulher. Quase tudo foi bom na mulher, exceto por algumas coisas. Agora você projeta um sonho: no futuro você encontrará uma mulher que será tão boa quanto a mulher do passado, mas com aqueles hábitos ruins deletados, sem aqueles hábitos ruins. No futuro você terá uma casa tão bonita quanto a do passado, ainda mais bonita, mas com algumas coisas que não existiam no passado. Você administrará o futuro.

Sua imaginação nada mais é do que um passado modificado. É assim que as pessoas estão vivendo. O passado não existe mais, e o futuro não passa de um desejo de repetir o passado – evidentemente de uma maneira melhor, mas é o mesmo passado. Você comeu alguma coisa ontem; você gostaria de comer novamente amanhã. Ontem você amou um homem ou uma mulher; amanhã você gostaria de amar um homem ou uma mulher novamente. Você quer repetir o seu passado. A mente é um mecanismo repetitivo; a mente anseia continuamente pela mesmice.

A realidade é nova a cada momento; nunca é a mesma. Você não pode pisar no mesmo rio duas vezes; a vida está em constante movimento, mudando. Só a mudança é permanente; todo o resto está mudando. Apenas a mudança não está mudando – isso é realidade –, mas então você cria uma pseudorrealidade, falsa, da sua própria invenção, fabricada na mente, fabricada pelo seu desejo, e você começa a viver nisso.

O taoismo diz que, para viver na realidade, é preciso sair da mente; a pessoa precisa se tornar um "não mente". Para viver na realidade, é preciso se desarraigar do passado. É preciso esquecer o passado. Para lembrar daquilo que existe, os olhos têm de estar completamente desobstruídos do passado – só assim você poderá ver a realidade. Olhos toldados pelo passado são olhos cegos.

Você não é cego de fato, apenas está obscurecido pelo seu passado. Você não pode ver diretamente por causa de tantas telas que cobrem seus olhos. Essas telas foram criadas pelo seu passado.

Um homem o insultou ontem, e hoje você o encontra na estrada. O passado surge, uma tela cai sobre seus olhos: esse é o mesmo homem que o insultou! Você tem que se vingar; você tem que pagar na mesma moeda; olho por olho, dente por dente.

Você começa a ficar com raiva; você fica furioso. Agora você está deixando de ver esse homem. É possível que ele não seja mais o mesmo – na verdade, ele não pode ser o mesmo. Ele pode ter se arrependido; ele pode ter refletido a noite inteira; ele pode ter decidido procurar você e se desculpar. Ele pode estar vindo se desculpar agora, mas você pode não vê-lo: seus olhos estão nublados de raiva, e sua raiva vai deturpar a sua realidade.

Agora, mesmo que ele tente se desculpar, você vai pensar que ele está tentando enganá-lo ou que ficou com medo da sua vingança ou que ele é um homem muito astuto – todo cuidado é pouco, pois ele pode estar tentando enganar você, ludibriá-lo. Agora ele está tentando fazer amizade com você, mas algum dia pode lhe trazer problemas novamente – todos esses pensamentos estarão na sua cabeça, e você não será capaz de ver quem ele é de fato. Você vai perder o contato com a realidade.

E, embora ele tenha vindo se desculpar, ao ver todas essas nuvens em seu rosto, é bem provável que ele não vá mais se desculpar! Ao ver que você está com raiva e não vai entender, ele pode mudar suas próprias ideias – porque nós afetamos um ao outro – e, se ele mudar, as suas próprias ideias sobre ele serão confirmadas e se tornarão ainda mais fortes. É assim que as coisas acontecem.

Aquele que tem clareza nunca carrega o passado. A pessoa simplesmente olha a realidade sem interferência do passado. Esse é o significado dessa história.

Sem mente própria

Abandonar a memória significa abandonar a mente. Abandonar a mente significa abandonar o mundo inteiro. Abandonar a mente significa abandonar o ego – você deixa de ser autocentrado, você passa a não ter mente nenhuma. Você passa a viver uma vida sem mente própria – que é o significado de Tao. A mente de Deus passa a funcionar através de você; você não tem mais a sua própria mente. Você funciona, mas agora não funciona mais a partir do seu próprio centro. Agora o centro do todo se torna o seu centro. Você age, mas não é mais o realizador, Deus age. Sua rendição é total.

Ainda outro dia eu estava lendo uma bela parábola hassídica:

Um jovem perguntou a um velho rabino: "No passado, nas antigas eras douradas, ouvíamos dizer que as pessoas costumavam ver Deus com seus próprios olhos. As pessoas costumavam encontrar Deus. Deus costumava andar na terra; Deus costumava chamar as pessoas pelo nome. Deus era muito próximo. O que acontece agora? Por que Deus não está tão perto? Por que não podemos vê-lo diretamente? Por que ele está se escondendo? Para onde ele foi? Por que se esqueceu da terra? Por que não caminha mais pela terra? Por que ele não segura as mãos das pessoas quando tropeçam na escuridão? Ele costumava fazer isso antes".

O velho rabino olhou para o discípulo e disse: "Meu filho, ele ainda está lá onde costumava estar, mas o homem se esqueceu de como se abaixar tão baixo que possa vê-lo".

Se abaixar... O homem se esqueceu – o homem está muito altivo; o homem está muito orgulhoso; o homem está muito ereto. O homem está separado de Deus. O homem tornou-se uma ilha;

ele não faz mais parte do universal, não faz mais parte do todo – é por isso. Deus está exatamente onde costumava estar. Ele ainda está tentando segurar a sua mão, mas você não está disposto. Ele ainda está confrontando você, mas você olha para o lado. Ele ainda está ali, chamando você pelo seu próprio nome, mas você está cheio do seu próprio barulho interior – sua conversa interior, uma tagarelice contínua; você se tornou um tagarela – é por isso.

O homem esqueceu como se abaixar, como se curvar.

No Oriente, curvar-se sempre foi um gesto muito significativo. O discípulo vai ao mestre, curva-se, deita-se na terra. É um gesto de rendição. Ele diz: "Eu não existo mais". Ele diz: "Não existirei mais como eu mesmo. Agora eu vou ser um veículo; serei passivo. Você derrama, e eu serei um ventre; você verte, e eu serei um receptáculo. Eu não vou lutar. Eu me rendo".

Nessa entrega, algo de tremendo valor acontece: com o mestre, você começa a aprender o ABC da rendição. Então, um dia, quando você já aprendeu o que é rendição, você tenta com toda a existência.

O mestre é apenas um jardim de infância, apenas um começo, o começo da entrega, da confiança na existência. Quando você tiver aprendido a alegria disso, a beleza disso, a bênção que é, você já pode ir para mares mais profundos, se quiser. Você aprendeu a nadar perto das margens; agora você gostaria de ir para o

Na meia-idade, Hua-tzu de Yang-li in Sung perdeu a memória.

ponto mais distante. A Divindade agora está disponível. Mas, se você existir como *você mesmo*, se você existir como um eu, fica impossível. Desse modo, você vai existir como um ego.

Memória, nessa parábola, significa ego. Essas parábolas taoistas são muito sutis.

Agora, vamos examiná-la a fundo.

Essa é uma maneira de dizer que ele se tornou um meditador. Essa é uma expressão taoista: "Perdeu a memória". Isso significa que ele se tornou um não indivíduo. Isso significa que ele se tornou um não ego. Isso significa que ele se libertou das garras da mente, se libertou do passado. Não é algo condenatório, lembre-se; é uma grande valorização.

Nos círculos taoistas, quando alguém diz: "Fulano perdeu a memória", lembre-se de que isso é um elogio à pessoa. Os taoistas têm seu próprio jeito de dizer as coisas, um jeito muito peculiar de dizer as coisas. Mas o significado dos seus gestos é profundo.

Na meia-idade, Hua-tzu de Yang-li in Sung perdeu a memória. Ele se tornou um não mente, esqueceu tudo sobre seu passado, esqueceu tudo o que tinha acontecido – como se toda a poeira do espelho caísse. Ele passou a existir no presente – isso é o que significa.

Ele não estava mais no passado; não existia no passado; não vivia através do passado. Ele tinha começado a viver no presente imediato. Ele agora vivia momento a momento – não juntava, não acumulava, não entesourava nenhum conhecimento ou informação. Qualquer que fosse a totalidade do momento, aquilo era tudo. Se sentia fome procurava comida, mas não fazia ideia de que comida ele tinha comido antes. E no momento em que seu apetite era satisfeito, ele esquecia tudo sobre isso. Ele não carregava a ideia em sua mente; ele não tinha fantasias sobre comida, nem antes, nem depois. O momento era tudo; o aqui e agora eram tudo; não havia depois, nem havia lá.

Este é o primeiro *satori* – quando a pessoa se liberta das garras do passado, da prisão do passado, como se uma cobra tivesse se desprendido da sua velha pele. A pessoa se tornou absolutamente nova, como uma árvore que, deixando cair todas as folhas velhas durante o outono, faz brotar novas folhas. No momento em que algo envelhece, é descartado imediatamente. A pessoa continua escorregando de novo e de novo para o presente. Esse é um estilo de vida totalmente novo.

Procure-o em sua própria vida. Como você vive? Você traz o passado de volta continuamente? Você sempre vive no passado? Sua vida é muito influenciada pela memória? Então você está vivendo a vida mundana. Viver na memória é viver no mundo, *samsara*. Viver sem memória é viver na divindade; viver sem memória é viver em nirvana, na iluminação.

Lembre-se: ao ler que Hua-tzu perdeu a memória, você não deve deduzir que isso significa que ele ficou distraído. Não! Não é esse o significado. Ficar distraído é totalmente diferente. É uma doença: a memória persiste, mas fica distorcida. Você sabe, mas não sabe com clareza.

Distração

Uma pessoa distraída não é uma pessoa de Tao. Uma pessoa distraída é simplesmente distraída. O homem de Tao está muito presente, ele não está distraído. Na verdade, ele está tão presente que sua memória não pode interferir. Sua presença é tremenda; e é uma presença tão intensa, a luz da sua presença é tão intensa que sua memória não pode interferir. Ele vive a partir do presente – você vive sem memória.

Quando alguém fica distraído, parece que está doente, naturalmente, porque continua se esquecendo. Não que tenha realmente esquecido, mas se lembra de que esqueceu – é preciso compreender a diferença. Ele lembra de que se esqueceu; sabe que sabe e, no entanto, não consegue se lembrar. Esse é o homem que está distraído.

Já ouvi muitas histórias sobre Thomas Alva Edison. Ele era um homem que poderia dizer que era totalmente distraído...

Um dia ele foi a um restaurante, almoçou, saiu e encontrou um amigo na porta. Eles conversaram por alguns minutos, e então o amigo disse: "Por que você não vem almoçar comigo?"

Então, Edison disse: "Tudo bem! Você me lembrou de que eu vim almoçar".

Assim, eles entraram no mesmo restaurante. A comida foi servida. O amigo disse a Edison: "Você parece um pouco confuso". Edison disse: "Qual é o problema? Não tenho apetite nenhum".

E o garçom riu e disse: "O senhor já almoçou aqui há apenas cinco minutos".

Isso é distração.

Uma vez aconteceu de ele se esquecer do seu próprio nome. Ele estava de pé numa fila, e quando chegou a vez dele e seu nome foi chamado, ele começou a procurar aqui e ali o homem cujo nome foi chamado. E, então, alguém que estava atrás dele lhe disse: "Senhor, até onde eu sei, o seu nome é Edison; quem o senhor está procurando?"

E Edison disse: "Obrigado. Na verdade, eu tinha me esquecido completamente.

Isso é distração. Edison não era um homem de satori; ele ainda vivia em sua memória, mas sua memória era um caos. Ele não se lembrava de nada. Ele não era um Buda; ele não era um Hua-tzu. Ele não vivia o momento; ele ainda morava no passado. Claro, seu passado foi muito tumultuado. A distração é um passado tumultuado, uma memória tumultuada, uma memória muito ruim.

Presença de espírito

Mas um homem que perdeu a memória, no sentido que os taoistas usam o termo, é um homem que vive com base na presença da própria mente – o que chamamos de presença de espírito.

Há poucos dias eu estava lendo as memórias de um homem raríssimo. Era um santo que morreu há alguns anos. Ele viveu por muito tempo – quase cento e quarenta anos. O nome dele era Shivapuri Baba, Shivapuri Baba do Nepal. Em suas memórias, ele conta uma história:

> *Ele foi para Jaipur, e um homem muito rico lhe deu uma caixa cheia de dinheiro, com notas de cem rupias. Enquanto estava no trem, ele olhou dentro da caixa; estava cheia de rúpias, e ele queria saber quanto havia ganhado. Ele começou a contar. No compartimento havia apenas duas pessoas: Shivapuri Baba, ele próprio, um velho – na época ele devia ter cerca de 120 anos – e uma senhorita inglesa, uma jovem. Ela ficou interessada. Aquele velho maltrapilho estava no compartimento de primeira classe e carregava uma caixa de notas de cem rupias.*
>
> *De repente ela teve uma ideia. Ficou de pé num salto e disse: "Me dê metade desse dinheiro; caso contrário, vou acionar o alarme e dizer que tentou me estuprar".*
>
> *Shivapuri Baba riu e levou as mãos aos ouvidos como se fosse surdo. E ele deu a ela um papel e disse: "Escreva aqui. Eu não consigo ouvir". Então, ela anotou no papel. Ele pegou, colocou no bolso e disse: "Agora, acione o alarme".*

Isso é presença de espírito! Não está vivendo com base no passado, porque isso nunca aconteceu antes e pode não acontecer de novo. Mas num piscar de olhos, como um raio, um homem que está realmente presente agirá com base na sua presença.

Você estaria em apuros porque teria que consultar a sua memória – o que devo fazer agora? Você poderia começar a tatear sua memória: há algo no passado que pode me dar alguma ideia do que fazer agora?

Na vida real, nada se repete. Tudo é novo. É por isso que suas respostas sempre falham. Você age com base no passado e esta coisa é absolutamente nova – nunca aconteceu antes, então, na verdade, você não tem nenhuma experiência disso. Sua experiência pode ser de algo semelhante, mas não pode ser sobre exatamente a mesma coisa; não é uma repetição. A situação nunca se repete – talvez tenha sido algo parecido: você foi enganado por alguém; você foi ameaçado por alguém–algo semelhante, mas não exatamente igual. Então, quando você começa a examinar a sua memória, você está mostrando que não tem presença de espírito.

Isso parece um paradoxo: o homem da "não mente" é um homem com presença de espírito. E o homem da mente, um homem com memória, é um homem ausente. Ele olha para o passado.

> Na vida real, nada se repete. Tudo é novo.

A situação é aqui, agora, confrontando você; é um encontro. Responda agora mesmo, como um espelho. O espelho reflete o que quer que apareça na frente dele. Ele não vai buscar na memória: "Esse homem esteve aqui antes, na minha frente, então como refleti-lo?" Ele simplesmente reflete.

Quando não há memória, não há distração. O espelho é simplesmente cristalino: não há poeira; a poeira não é uma distração. O reflexo será cristalino e, a partir desse reflexo, virá o ato. Quando você age a partir do momento presente, seu ato é sempre total. Você nunca fica frustrado.

Essa história de Hua-tzu é sobre um homem que perdeu a memória, que perdeu a cabeça, que perdeu o passado – e que ficou aliviado. Para dizer nas palavras de Cristo: é aquele que voltou a ser criança, capaz de entrar no reino de Deus.

Mas para sua família, para seus amigos, ele deve ter representado um grande problema – naturalmente. Eles devem ter se perguntado o que estava acontecendo com aquele velho – uma calamidade! Eles devem ter pensado que ele havia caído num sono profundo, uma espécie de sono. Mas era exatamente o contrário – eles estavam dormindo, e esse homem tinha acordado do seu sono. Mas eles só podiam entender a linguagem do sono, então devem ter pensado que ele havia adormecido.

Como se tornar uma criança de novo

Um vigarista da grande cidade fez uma conversão errada e se viu perdido na zona rural de Kentucky. Depois de trepidar numa estrada pedregosa por mais de uma hora, ele chegou a uma grande encruzilhada. Ali, parado na beira da estrada, estava um rapaz de aparência interiorana e antiquada.

"Ei, amigo!" ele gritou. "Você poderia me dizer para onde leva a estrada à direita?"

"Eu não sei direito" – o garoto do campo respondeu sem pressa.

"Bem, então, você poderia me dizer para onde vai a estrada à esquerda?"

Mas novamente o menino balançou a cabeça.

"Não sei direito também."

Um pouco perturbado, o camarada da cidade respondeu, impaciente: "Você não é muito inteligente, não é?

"Pode ser que não", disse o rapaz, "mas eu não estou perdido".

Esse velho, Hua-tzu, devia parecer, aos olhos dos outros, um homem perdido. Ele havia mudado tão radicalmente que todos da aldeia – seus amigos, sua família, seus filhos, suas filhas, sua esposa – devem ter ficado muito preocupados. O que eles iriam fazer com esse homem?

Ele recebia um presente pela manhã e o esquecia à noite...

Ele tinha realmente se tornado uma criança outra vez. Essa é a qualidade da inocência.

[...] dava um presente à noite e esquecia o pela manhã. Na rua, ele se esquecia de andar; em casa, ele se esquecia de sentar. Hoje ele não se lembrava de ontem; amanhã ele não se lembrava de hoje.

Isso não é distração. Ele simplesmente não estava mais se reportando ao passado. Não é que ele tivesse uma memória ruim; ele estava totalmente desligado de sua memória. Ele era como uma criança.

Você está com raiva de uma criança e a criança está com raiva de você. Veja a cara dela! Ela está com tanta raiva e tão vermelha que gostaria de matar você. Ela diz: "Nunca mais vou falar com você. Acabou!" E no instante seguinte, ela está sentada no seu colo novamente e conversando lindamente. Ela esqueceu. Tudo o que ela disse quando estava com raiva, ela não carregou com ela. Não se tornou uma bagagem na sua mente.

Sim, no calor do momento ela ficou com raiva; ela disse alguma coisa, mas agora a raiva se foi, e tudo o que ela disse naquele momento se foi. Ela não se comprometeu com isso para sempre; foi um surto momentâneo, uma ondulação na superfície da sua mente. Mas ela não congelou nisso, ela é um fenômeno fluido. A ondulação estava lá, uma onda havia surgido; agora não existe mais. Ela não vai carregá-la para sempre. Mesmo que você a faça se lembrar, ela vai rir. Ela dirá: "Que Absurdo!" Ela dirá: "Não me lembro. Foi assim?" Ela vai dizer: "Eu disse mesmo isso? Não acredito!" Ela dirá: "Como posso ter dito isso? Você deve ter imaginado".

Foi uma explosão: é preciso entender isso. Aquele que vive momento a momento às vezes está com raiva, às vezes, feliz, às vezes, triste. Mas você pode confiar – ele não vai guardar essas coisas para sempre. Um homem que é muito controlado e não permite que qualquer emoção surja em seu ser é muito perigoso. Se você insultá-lo, ele não vai ficar com raiva – ele reprime a raiva. Aos poucos, ele vai acumulando tanta raiva que vai fazer algo realmente nojento.

Não há nada de errado numa explosão momentânea de raiva – é bonito, de certo modo. Simplesmente mostra que a pessoa ainda está viva. Um surto momentâneo simplesmente mostra que a pessoa não está morta, que ela responde às situações e responde com autenticidade. Quando ela sente que a situação é tal que a raiva é necessária, a raiva vem à tona. Quando ela sente que a situação é tal que a felicidade é necessária, a felicidade surge. Ela age de acordo com a situação. Ela não tem preconceito a favor ou contra; ela não tem nenhuma ideologia. Ela não tem uma certa ideia de que não se deve ficar com raiva, que seja qual for a situação, ela não pode ficar com raiva.

> Não há nada de errado com a raiva comum. Na verdade, a pessoa que consegue ficar com raiva e esquecê-la no momento seguinte é uma pessoa muito boa.

Se um homem tenta não ficar com raiva desse modo, o que ele vai fazer? Ele vai reprimir a raiva. Um dia essa raiva ficará desproporcional em situações, e ele vai parecer quase louco. Ele será capaz de assassinar alguém ou cometer suicídio ou fazer algo realmente prejudicial – porque quando tanta raiva assim é extravasada, ela é muito venenosa, muito destrutiva.

Não há nada de errado com a raiva comum. Na verdade, a pessoa que consegue ficar com raiva e esquecê-la no momento seguinte é uma pessoa muito boa. Você descobrirá que essa pessoa é amigável, vivaz, amorosa, compassiva. Uma pessoa que está sempre segurando suas emoções – controlando e reprimindo, uma pessoa com disciplina, como se costuma dizer – nunca é uma boa pessoa. Ela sempre vai mostrar que é mais santo que você, mas você pode ver a raiva em seus olhos. Você pode ver isso no rosto dela; você pode vê-la em cada gesto dela – no modo como ela anda, no modo como ela fala, no modo como ela se relaciona com as pessoas – você sempre verá a raiva dentro dela, fervilhando. Ela está pronta para estourar a qualquer momento. Esses são os assassinos; esses são os criminosos; esses são os verdadeiros malfeitores. Se a pessoa continuar se controlando, todo o seu controle tornará seu ego cada vez mais forte.

Agora, o ego é muito mais perigoso do que a raiva. A raiva é humana, não há nada de errado com ela. É simples: consiste simplesmente numa situação na qual você é provocado, e você está vivo e você responde a isso. A raiva está dizendo que você não vai ceder; está dizendo que esta não é uma situação que você possa aceitar; está dizendo que essa é uma situação em que você quer dizer não. É um protesto, e não há nada de errado nisso. Não sou contra a raiva; sou contra a raiva acumulada. Eu não sou contra o sexo; sou contra a sexualidade acumulada.

Qualquer coisa que surja no momento é boa; qualquer coisa que seja transportada do passado é ruim, é doentio, é uma doença.

Não pense no amanhã

Este homem Hua-tzu ficou como uma criança: *hoje ele não se lembrava de ontem; amanhã ele não se lembrava de hoje.*

Jesus dizia aos seus discípulos: "Não pensem no amanhã. Olhem para os lírios do campo, como são lindos. Eles não pensam no passado; eles não pensam no futuro. Eles não estão preocupados com nada que vá acontecer ou que aconteceu. Eles simplesmente vivem aqui e agora, essa é a beleza deles". Essa é a beleza das árvores e das rochas e das estrelas e dos rios. Toda a existência é bela porque não tem passado.

O homem é feio – seu passado o torna feio. Além do homem, nada é feio, porque é apenas o homem que fica pensando sobre o passado e o futuro, e continua perdendo a vida que está disponível no presente. Essa é a única vida que existe, a única dança que existe. Naturalmente, você fica feio porque não tem oportunidade de viver, de viver com autenticidade.

Eis uma bela anedota:

Um homem estava conversando com seu amigo, o alfaiate, sobre expedições de caça.

"Uma vez", disse o alfaiate, "eu estava na África caçando leões. Descobri um a três metros de distância – e lá estava eu sem minha arma. O leão se aproximou. Agora ele estava a apenas um metro e meio de distância."

"O que aconteceu?" o homem perguntou sem fôlego.

"Bem, para encurtar a história, ele deu um salto e me matou".

"O quê? Como assim, ele matou você?", o homem perguntou. "Você está sentado aqui, muito vivo".

"Ah!", disse o alfaiate. "E você chama isso de vida?"

Mesmo as pessoas que parecem vivas não estão realmente vivas. Elas foram mortas e não uma vez, mas muitas vezes. Assassinadas pelo passado, pelo leão do passado; mortas pelo futuro, pelo leão do futuro. E estão sendo mortas todos os dias; estão sendo assassinadas a cada dia por esses dois inimigos.

Há uma bela parábola budista com muitos significados. Todos os significados são lindos, mas hoje tente entender um certo significado nela:

Numa floresta, um homem está correndo, tentando escapar de um leão que o está perseguindo, correndo atrás dele. O homem chega a um precipício. Não há outro caminho a seguir, então ele para. Por um único instante ele não consegue entender o que fazer. Ele olha para baixo. É um vale muito profundo, um grande abismo. Se ele pular, ele morre. Mas ainda há uma possibilidade para ele – milagres acontecem. Então, ele olha mais para baixo mais de perto, e lá, no fundo do vale, vê que há mais dois leões parados ali, olhando pra cima. Então essa possibilidade não existe mais.

O leão está se aproximando; e ele está rugindo, o homem pode ouvir o rugido. Sua única possibilidade é se pendurar nas raízes de uma árvore que se projeta sobre o vale. Ele não pode pular e não pode ficar à beira do precipício para se segurar nas raízes da árvore. As raízes são muito frágeis, e ele tem medo que se quebrem a qualquer momento.

Não só isso, é uma noite muito fria, a noite está chegando e o sol está se pondo. E suas mãos estão tão frias que ele tem medo de não conseguir se segurar por muito tempo. Já as raízes estão escorregando de suas mãos. Elas estão congeladas. A morte é certa. A cada momento, a morte se aproxima.

Então, ele olha para cima. Dois ratos estão mastigando as raízes da árvore. Um é branco e o outro é preto: o símbolo do dia e da noite, o símbolo do tempo. O tempo está se esgotando rapidamente, e os dois ratos estão mastigando as raízes, e eles estão realmente fazendo um bom trabalho. Eles estão quase no fim; eles estão prestes a acabar – já é noite, e eles também têm que ir descansar, então estão terminando com pressa. A qualquer momento a raiz da árvore vai quebrar.

O homem olha para cima novamente, e lá na árvore há uma colmeia de onde o mel está pingando. Ele esquece tudo e tenta fazer uma gota pingar na sua língua. E ele consegue. O sabor é muito doce.

Ora, essa parábola tem muitos significados. Já falei sobre essa parábola de maneiras diferentes. Desta vez gostaria de indicar um certo significado: este instante. No passado, um leão está vindo; no futuro, dois leões estão esperando. O tempo está se esgotando rapidamente, a morte está muito perto – como sempre. Dia e noite, os dois ratos estão cortando as próprias raízes da vida – mas ainda assim, se você conseguir viver no presente, o sabor é tremendamente doce.

É realmente lindo. O homem viveu o momento e esqueceu de todo o resto. No momento, não havia morte, nem leões, nem tempo, nada existia – apenas o doce sabor do mel em sua língua.

Essa é a maneira de viver; essa é a única maneira de viver. De outro modo, você não vai viver. Essa é a situação a cada momento.

A parábola é realmente muito existencial. Esta é a situação: você é a pessoa agarrada à raiz da árvore, cercada de todo lado pela morte, e o tempo está se esgotando. A qualquer momento, você cairá na morte e desaparecerá. Agora, o que fazer? Preocupar-se com o passado? Preocupar-se com o futuro? Preocupar-se com a morte? Preocupar-se com o tempo? Ou aproveitar este momento?

"Não pense no amanhã" significa deixar este momento se tornar uma gota doce de mel em sua língua. Mesmo que a morte esteja sempre à espreita, a vida é bela. Mesmo que o passado não tenha sido muito bom, e quem sabe sobre o futuro? Pode não ser muito bom. Como coisas são, é inútil ter expectativas – mas este momento é lindo. Olhe para este momento. Deixe-me ser uma gota de mel em sua língua. Este momento é tremendamente lindo. O que está faltando? O que você não tem?

Saudável e inteiro

Se você conseguir ficar neste momento – esse é o significado da expressão taoista. Hua-tzu *perdeu a memória*.

A família dele estava preocupada com ele e pediu a um adivinho que lesse a sorte dele, mas o adivinho não teve sucesso. Eles convidaram um xamã para realizar um rito auspicioso, mas não fazia diferença. Eles convidaram um médico para tratá-lo, mas não adiantou.

Agora, isso é lindo – e significativo. Não era uma doença, então nenhum médico poderia curá-lo. Se fosse uma doença, então o médico poderia ter curado. Não era nada físico. O homem estava perfeitamente saudável. Na verdade, talvez ele nunca tivesse sido tão saudável quanto era nessa época. Quando você se esquece do seu passado, você também se esquece de tudo sobre suas doenças. O passado é um reservatório de todas as doenças.

Quando você se esquece do passado, você não é jovem nem velho, você simplesmente é. E esse é o momento de ser saudável e inteiro.

O homem devia ser muito saudável, então o que os médicos poderiam fazer? A família chamou os médicos, mas eles não puderam tratá-lo. Não era uma doença.

Uma doença poderia ter sido tratada, mas aquilo não era uma doença. A família chamou um adivinho que lesse a sua sorte, mas ele não obteve sucesso, porque um homem que não tem memória não imagina o futuro, e um homem que não imagina o futuro é imprevisível. Você não pode prever nada sobre ele – ele está simplesmente aberto.

Normalmente, as pessoas são previsíveis porque fazem uma certa projeção para o futuro, têm alguma ideia sobre o futuro, uma semente para o futuro. Essa semente um dia vai brotar. É assim que os adivinhos, quiromantes, cartomantes vivem: eles moram na sua imaginação. Se você for a uma cartomante, ela vai olhar a sua mão e dirá: "Existe uma grande possibilidade de que o dinheiro venha, mas ele não vai ficar". Isso pode ser dito sobre qualquer um – "O dinheiro virá". Todo mundo está esperando que o dinheiro venha, então quem vai negar que ele virá? É por isso que a pessoa vai à cartomante, para que suas ideias sejam aprovadas, confirmadas.

O dinheiro virá, mas ele não vai ficar – quem alguma vez conseguiu guardar dinheiro? O dinheiro vem e vai. Na verdade, o dinheiro existe apenas em seu ir e vir. Se você conseguir mantê-lo com você, ele não é mais dinheiro. Você pode manter mil notas em sua casa, você pode guardá-lo no subsolo, mas não é mais dinheiro. Você poderia ter guardado pedras ali; teria sido a mesma coisa. O dinheiro existe apenas em seu ir e vir.

Se alguém lhe dá uma nota de cem dólares, se a nota muda de mãos, então é dinheiro. Por um instante é dinheiro – quando ele muda de mãos. Então, a outra pessoa está recebendo algo com isso, e você está tirando algo disso. Quando você dá para outra pessoa, novamente ele é dinheiro. É por isso que as notas são chamadas de moeda corrente. "Moeda corrente" significa "movimento". Ela deve circular. Quanto mais eles circula, mais dinheiro há.

É por isso que há mais dinheiro nos Estados Unidos e menos em países mais pobres: há muita circulação. Todo mundo está simplesmente gastando – gastando o que tem e gastando até o que espera que terá um dia. As pessoas estão comprando carros e geladeiras, e tudo a crédito. Algum dia elas esperam que vão ter esse dinheiro, e então eles vão pagar, mas elas estão comprando agora. Há dinheiro nos Estados Unidos porque as pessoas descobriram que o dinheiro existe só quando está circulando. Deixe o dinheiro mudar de mãos – quanto mais ele muda de mãos, mais rico o país se torna.

Que as notas de cem rúpias possam circular aqui. Se uma nota de cem rúpias trocar de mãos entre quinhentas pessoas, teremos quinhentas notas de cem rúpias em vez de uma nota apenas. Toda vez que ela passa para uma pessoa, essa pessoa terá uma nota de cem rúpias na mão. Mas se uma pessoa ficar com essa nota e não passar para ninguém, esse grupo todo ficará pobre. Só uma pessoa terá uma nota de cem rúpias. Se essa nota tivesse circulado e trocado de mãos, todas as pessoas desse grupo teriam usufruído das cem rúpias. Claro, haveria muito mais riqueza.

Mas as previsões desses astrólogos funcionam apenas com pessoas que têm uma ideia do futuro. Isso é significativo: as pessoas que vivem abaixo da mente são previsíveis. As pessoas que vivem na mente são previsíveis porque são mecânicas. Você pode dizer o que farão amanhã porque elas se repetirão. Nada de novo vai acontecer; elas simplesmente repetirão seu passado.

Mas aquele que foi além da mente é imprevisível porque ele nunca vai repetir nada. Por isso você não pode procurar nenhuma pista em seu passado para prever suas ações. Os adivinhos falharam; eles não puderam dizer nada sobre Hua-tzu. E o xamã foi chamado, mas ele também não conseguiu fazer nada. O xamã só pode fazer uma coisa: orar. Ele pode fazer certos rituais para ajudar. Mas aquele que foi além da mente não precisa de oração; nenhuma oração será de qualquer para ajuda a ele. Na verdade, a oração significa pedir a Deus que faça algo, naturalmente – pedir a Deus que faça algo por você. Aquele que foi além da mente tornou-se parte de Deus: não há ninguém para rezar e ninguém para quem rezar. Quem vai pedir? Só Deus existe.

Não, esses ritos e rituais auspiciosos não ajudaram em nada. Então, ninguém poderia ajudar.

Punição e recompensa

Os confucionistas são os primeiros behavioristas do mundo. Pavlov e B.F. Skinner nada mais são do que seus discípulos. Confúcio dizia que o comportamento de um homem pode ser mudado, manipulado, por meio da punição e recompensa. Essa é toda a técnica que tem sido usada ao longo dos tempos pelos moralistas. Você recompensa a criança se ela seguir sua ideia; você a pune se ela for contra você. Através da punição e recompensa, pouco a pouco você condiciona a mente dela.

Todas as mentes são condicionadas – e o que os maoístas estão fazendo na China é muito antigo; Confúcio ensinou muito bem. A ideia precisa ser entendida: que uma pessoa pode ser manipulada se você torturá-la ou se

Havia um confucionista de Lu que, agindo como intermediário dele, afirmou que ele poderia curá-lo.

A esposa de Hua-tzu e os filhos ofereceram metade das suas propriedades em troca da sua habilidade.

você recompensá-la. Através da ganância e do medo, uma pessoa pode ser manipulada.

Isso é o que você tem feito com os seus filhos; isso é o que seus pais e a sociedade fizeram com você.

O que está se fazendo com os criminosos nas prisões? Torturando-os, tentando condicionar a mente deles. Por que o padre continua falando sobre inferno e céu; qual é a ideia de inferno e céu? É apenas a simples ideia de punição e recompensa. Se você seguir o padre, você será recompensado no céu; se você não seguir o padre, você será punido no inferno. E eles pintaram o inferno em tais cores que qualquer um ficará com medo, qualquer um começará a tremer. Então a pessoa começa a se segurar, a se reprimir.

Aquele confucionista disse que poderia curar Hua-tzu. Em primeiro lugar, o homem não estava doente, então dizer que ele poderia ser curado é uma estupidez. A mesma estupidez continua, mesmo hoje em dia. Há muitas pessoas nos países ocidentais que não estão loucas, mas que estão sendo "curadas" por psicólogos. Elas não são loucas; na verdade, são até um pouco mais elevadas do que as pessoas comuns. Elas são o que os sufis chamam de *mastas*, aqueles que se tornaram *mast* ou inebriadas de Deus. Mas elas estão sendo tratadas – e qual é o tratamento que recebem? Eletrochoque, espancamento, são torturadas de mil e uma maneiras. Tratamento de eletrochoque é uma tortura – uma invenção moderna para torturar o homem.

Ou essas pessoas são colocadas em hospícios e forçadas a viver uma vida muito rotineira. Muitas delas estão mais à frente do que a humanidade comum; muitas delas alcançaram uma consciência melhor. Mas naturalmente se separaram da humanidade comum.

O normal parece ser a regra; o normal parece ser a pessoa saudável. O normal não é a norma, lembre-se; o normal significa simplesmente a multidão, a turba, a massa. A massa não é saudável, e a massa não é de forma alguma sã; na verdade, nenhum indivíduo nunca foi tão insano quanto prova o comportamento das massas.

As massas são mais insanas – nenhum hindu é tão insano quanto a sociedade hindu. Nenhum muçulmano é tão insano quanto a sociedade muçulmana. Uma turba de muçulmanos pode incendiar um templo e matar hindus, mas pergunte a cada indivíduo dessa multidão, e você não encontrará nenhum indivíduo que seja tão insano. Todo indivíduo dirá que "de alguma forma aquilo aconteceu". Ele estava lá e nem sabe por que se juntou à multidão: "Não foi bom". Pergunte a cada indivíduo e ele dirá: "Não foi bom". Mas a multidão fez. A multidão sempre foi insana. Guerras, conflitos entre religiões e nações – tudo isso parte apenas das mentes da multidão.

A mente da multidão é insana. Os psicólogos, os psiquiatras e os psicanalistas tentam ajustar a pessoa se ela for um pouco além da sociedade. Se Freud estivesse disponível, Hua-tzu seria psicanalisado. Se Skinner estivesse lá, ele o teria recondicionado. Isso é o que esse confucionista disse.

O confucionista disse a eles: "Isso claramente não é uma doença que possa ser adivinhada por meio de hexagramas e presságios, ou curada com orações auspiciosas, ou tratadas com remédios e agulhas. Vou tentar reformar sua mente, mudar seus pensamentos; há uma boa chance de que ele se recupere".

Ele disse que iria recondicionar, reformar; iria recondicionar a mente de Hua-tzu. Como você recondicionaria a mente de alguém? Você começa torturando o corpo. Quando o corpo é torturado, a consciência que estava voando além precisa descer, claro, para cuidar do corpo. Você existe no corpo; o corpo é o seu veículo. Se seu corpo é prejudicado, você naturalmente não pode voar muito alto; você tem que voltar para proteger seu corpo. Essa é a maneira de recondicionar. E foi isso que ele fez.

Como era inverno, ele despiu Hua-tzu e o deixou nu; naturalmente, quando ele começou a tremer, sua mente de repente voltou: "Você está tremendo, Hua-tzu. Ache suas roupas". E ele começou a procurar suas roupas.

A consciência dele estava fluindo para além da mente. Se você torturar o corpo, a consciência tem que voltar para o corpo. Você já reparou? Se um pequeno espinho entrar no seu pé, sua consciência vai para lá. Um pequeno espinho no pé e a sua consciência vai para lá; é uma medida de segurança. Caso contrário, o espinho se tornará venenoso, se tornará séptico. Isso faz parte de um mecanismo de sobrevivência: a consciência tem que ir lá, cuidar do corpo e tirar o espinho. Quando o espinho está lá,

> Então o confucionista tentou despir Hua-tzu...

você esquece todo o resto. Você já notou isso? Se seus dentes doem, você esquece todo o resto. Então, toda a sua consciência se acumula em torno dos seus dentes. Essa dor deve ser combatida primeiro. Quando você tem dor de cabeça, então todo o resto é esquecido. Alguém pode estar tocando uma bela música, mas você não consegue ouvi-la. Alguém pode estar dançando, mas você não pode olhar para essa pessoa. Pode haver só beleza ao redor, mas como você consegue olhar para a beleza? Você não é livre. A sua dor de cabeça está puxando você para baixo, para o corpo.

Foi isso que o seguidor confucionista fez. Ele fez o homem passar fome, desnudou-o, colocou-o no escuro – naturalmente ele começou a procurar a luz, buscar calor, roupas, comida.

A arte não é nenhum segredo. A arte é simplesmente ameaçar o homem com a morte – ou bater nele ou pular em seu peito com uma lança. Então o homem é ameaçado de morte. Nesse momento, ele tem que voltar para o seu corpo. Quando alguém volta para o seu corpo, a mente começa a funcionar novamente porque a mente faz parte do corpo. A mente é um mecanismo sutil do corpo.

[...] e Hua-tzu procurou suas roupas; tentou matá-lo de fome, e ele procurou por comida; tentou fechá-lo num cômodo escuro e ele procurou luz.

Esse homem, Hua-tzu, tinha perdido seu contato com a mente, mas a mente estava lá – a mente está sempre lá. Mesmo quando uma pessoa vai além da mente, a mente permanece com ela, adormecida, sonolenta, no corpo. Se você for puxado para o corpo, a mente se agita novamente e começa a funcionar.

Na verdade, ele estava acordado o tempo todo, mas agora adormeceu. Mas para a mente confuciana, ou para a mente comum da humanidade, parece que ele acordou, como se ele estivesse dormindo. "Quando Hua-tzu acordou ele estava muito zangado". Naturalmente, o que é sono para nós não era sono para ele.

Costumava acontecer no caso de Ramakrishna. Cantando a canção de Kali, dançando diante de Kali, muitas vezes ele caía e ficava inconsciente. Ele estaria inconsciente para nós, mas para si mesmo ele estava soberbamente consciente. De fora parecia que ele estava em coma. Se você perguntasse a psicanalistas, eles diriam que era histeria, um ataque histérico.

Se você perguntar ao psiquiatra sobre Ramakrishna, ele provará que ele era neurótico. Eles fizeram o mesmo com Jesus, para não deixar Ramakrishna sozinho. Jesus era neurótico, diziam. Ramakrishna de fato deveria ser mais neurótico aos olhos

O confucionista ficou encantado e disse aos filhos do homem: "A doença é curável, mas minhas artes foram passadas secretamente através das gerações e não são reveladas a forasteiros. Vou excluir seus assistentes e ficar sozinho com ele em seu quarto por sete dias". Os filhos concordaram...

deles. Às vezes, por seis dias ele permanecia inconsciente – inconsciente para nós. Deixe-me lembrá-lo novamente: para si mesmo ele estava soberbamente consciente. Na verdade, ele estava tão consciente dentro de si que toda a sua consciência estava absorta; toda consciência tinha se voltado para o seu interior, ele foi para o centro.

É por isso que, externamente, ele parecia inconsciente.

Por fora, você parece consciente porque por dentro você está inconsciente. No âmago do seu ser você está dormindo profundamente, e roncando; é por isso que você parece tão acordado por fora. As coisas mudam. Quando um homem como Ramakrishna se move para seu núcleo, por fora ele adormece e por dentro fica acordado. Para nós, parece que ele se esqueceu de tudo; para ele, parece que se lembrou de tudo.

Quando Hua-tzu acordou, ele estava muito zangado. O mesmo costumava acontecer a Ramakrishna. As pessoas tentavam trazê-lo de volta. Naturalmente, os discípulos ficavam com muito medo – ele vai voltar ou não? E eles massageavam seus pés com *ghee* e cânfora, e massageavam a cabeça e todo o corpo, e eles tentavam trazê-lo de volta de algum jeito. Às vezes

> Os filhos concordaram, e ninguém sabia que métodos o confucionista tinha usado, mas a doença de muitos anos foi completamente dissipada numa única manhã. Quando Hua-tzu acordou, ele estava muito zangado.

os discípulos até faziam algo que parecia feio e cruel. Eles o sufocavam, tampando seu nariz, porque, quando o corpo é sufocado e há uma grande necessidade de ar, a consciência tem que voltar.

Ou às vezes eles queimavam ervas muito amargas ao redor dele, e a fumaça entrava em seu nariz e ele sofria terrivelmente. Ele começava a se mexer, gemia, e depois voltava. E eram discípulos, não inimigos! Às vezes, você pode fazer mal mesmo pensando que está fazendo o bem.

Quando Hua-tzu acordou, ele estava muito zangado. Dispensou sua esposa, puniu seus filhos e afugentou o confucionista com uma lança.

Quando voltava e começava a gritar, e os discípulos perguntavam: "Por que você está chorando?", ele dizia: "O que vocês fizeram? Por que me trouxeram de volta? Eu estava tão feliz por dentro. Eu estava num mundo totalmente diferente. Eu estava no mundo de Deus. Deus estava muito presente. Eu me sentia banhado de felicidade. Por que vocês me trouxeram de volta? Deixem-me ir novamente".

Talvez essa fosse a mesma lança que o confucionista usou para ameaçá-lo de morte.

O que você considera lembrança é esquecimento para quem chegou em casa. O que para você parece esquecimento é, na verdade, lembrança para quem despertou para a alma. Lembre-se desse paradoxo.

> As autoridades de Sung o prenderam e queriam saber o motivo do seu comportamento. "Antigamente, quando eu esquecia", disse Hua-tzu, "eu era ilimitado; não percebia se o céu e a terra existiam ou não. Agora, de repente, eu me lembro, e todos os desastres e recuperações, ganhos e perdas, alegrias e tristezas, amores e ódios de vinte ou trinta anos passados se erguem em mil tópicos emaranhados. Temo que todos os desastres e recuperações, ganhos e perdas, alegrias e tristezas, amores e ódios ainda por vir possam confundir meu coração. Nunca mais vou ter um momento de esquecimento?"

As linguagens são diferentes. Você está dormindo, mas pensa que está acordado; você acha que esse é um estado de consciência. Você está enganado. Portanto, quando uma pessoa se torna realmente consciente, parece para você que ela adormeceu. Você é tão autoconsciente que, quando uma pessoa perde seu eu e realmente se torna consciente, você acha que ela enlouqueceu. Parece que ela está doente.

Ela se tornou completa; ela ficou saudável.

Hua-tzu disse: "Antigamente eu era ilimitado, quando me esquecia. Não havia limite para mim; não havia definição para mim. Eu era tudo; eu estava inteiro. Eu era uno com o universo;

Agora, de repente, eu me lembro, e todos os desastres e recuperações, ganhos e perdas, alegrias e tristezas, amores e ódios de vinte ou trinta anos passados se erguem em mil tópicos emaranhados.

nada estava separado de mim. Eu estava numa tremenda unidade – *unio mystica* – havia unidade. E era lindo, era uma benção".

Agora estou de volta à loucura. Todo o meu passado está abrindo novamente as suas portas. É um pesadelo.

Agora ele provou alguns momentos de esquecimento – ou lembrança de si mesmo. Agora ele está num estado mental para comparar, é por isso que ele está zangado. Você não pode comparar porque você não experimentou nada além do passado, além da memória, além da mente. Você nunca provou nada, nem uma única gota, de não mente. É por isso que você não pode comparar.

Isso acontecerá um dia se você continuar meditando. Um dia, de repente, você verá que saiu da mente. O aeroporto da mente é deixado para trás, e você está subindo nas alturas para o céu. Então, pela primeira vez, você dirá: "Que linda a vida é. Como é bela a existência". Você vai se sentir tremendamente grato. Então, ao voltar à mente, você vai sentir como se estivesse voltando para o hospício. A memória é um hospício.

Tudo está subindo: "...*em mil tópicos emaranhados. Temo que todos os desastres e recuperações, ganhos e perdas, alegrias e tristezas, amores e ódios ainda por vir possam confundir meu coração*. Isso é passado, e agora o futuro está chegando, e ele ficará cada vez mais sobrecarregado, porque o passado aumentará a cada dia.

Nesse esquecimento você vai para casa. Nesse esquecimento você se lembra. Nesse esquecimento você se torna consciente pela primeira vez. Nesse esquecimento você está no presente, aqui e agora. Você entra na eternidade. Esse esquecimento é a porta para a eternidade.

Esquecer significa esquecer o mundo; esquecer significa esquecer o não essencial. Esquecer significa se esquecer da poeira e se lembrar do espelho, lembrar-se da consciência.

> "Nunca mais vou ter um momento de esquecimento?"

Gurdjieff costumava dizer a seus discípulos que eles eram sonâmbulos – mexiam-se, andavam, falavam durante o sono. A primeira coisa a fazer não tem nada a ver com moralidade; é para chocar você, para tomar consciência. O maior discípulo de Gurdjieff foi P. D. Ouspensky. P. D. Ouspensky dedicou seu livro *In Search of the Miraculous* a seu mestre com estas palavras: "Para Gurdjieff, para meu mestre, que perturbou meu sono para sempre". Sim, o mestre está ali para perturbar o seu sono.

Seu sono nada mais é do que a mente; a mente é outro nome para o seu sono. Essa é a distinção entre o pensamento confucionista e pensamento de Lao-Tzu. Confúcio é um moralista comum, um puritano – alguém que acredita em condicionar as pessoas, em disciplinar as pessoas. Lao-Tzu é um homem rebelde que acredita em levar as pessoas para além de todos os condicionamentos – descondicionar as pessoas.

Somente na liberdade a divindade é possível; apenas em total liberdade a verdade é possível. Busque essa liberdade absoluta. Destrua os condicionamentos. Destrua, aos poucos, todas as camadas que o prendem.

Decole. Todo o céu é seu – na verdade, nem mesmo o céu é o limite.

Basta por hoje.

5

Atire a Primeira Pedra

Se você consegue amar e perdoar, nada mais é necessário.

Se você não consegue perdoar, não consegue amar; se você não consegue amar, não consegue perdoar.

Só o grande amor sabe perdoar, e só o grande perdão sabe amar; caso contrário, todos têm limitações. Se você não consegue perdoar, você não é capaz de amar. Todo mundo comete erros, isso é ser humano. Errar é humano, perdoar é divino. E quanto mais você perdoa, mais começa a se mover em direção ao divino; você começa a transcender a humanidade. E quanto mais alto você vai, mais amor se torna possível.

>
>
> Se você não consegue perdoar, não consegue amar; se você não consegue amar, não consegue perdoar.

Então, lembre-se destas duas coisas:

Ame incondicionalmente e perdoe incondicionalmente, e você não vai acumular nenhum karma, você não vai acumular nenhum passado. Você não vai acumular nenhuma escravidão ao seu redor, e não vai ter nenhuma barreira à sua visão.

Depois que as barreiras desaparecem da visão, Deus está em toda parte. Se você conseguir perdoar e amar, então você o encontrará em todos os lugares; para onde quer que você vire, ele estará lá. Ele não está apenas nos santos, ele está nos pecadores também. Você não pode vê-lo no pecador porque não consegue perdoá-lo. Você não pode vê-lo na pessoa vil porque não consegue perdoá-la.

Depois que você começa a perdoar, a distinção entre o pecador e o santo se perde, a distinção entre o bem e o mal desaparece. Não há mais distinções; você começa a ver o uno, o indistinto. Não existe homem, nem mulher, nem preto, nem branco, nem índio, nem americano. Existe energia pura, e essa energia pura é Deus.

■ ■ ■

Deixe o passado ser passado

Jesus foi para o Monte das Oliveiras.

E de manhã cedo voltou ao templo, e todo o povo vinha ter com ele, e, assentando-se, os ensinava. E os escribas e fariseus trouxeram-lhe uma mulher apanhada em adultério. E, pondo-a no meio, disseram-lhe: "Mestre, esta mulher foi apanhada em adultério, no próprio ato, adulterando, e, na lei, nos mandou Moisés que as tais sejam apedrejadas. Tu, pois, que dizes?

Isso diziam eles, tentando-o, para que tivessem de que o acusar. Mas Jesus, inclinando-se, escrevia com o dedo na terra, como se não os ouvisse. E, como insistissem, perguntando-lhe, endireitou-se e disse-lhes: "Aquele que dentre vós está sem pecado seja o primeiro que atire pedra contra ela". E tornando a inclinar-se, escrevia na terra.

Quando ouviram isso, convencidos pela própria consciência, saíram um a um, a começar pelos mais velhos até aos últimos; ficaram só Jesus e a mulher, que estava no meio. E, endireitando-se Jesus e não vendo ninguém mais do que a mulher, disse-lhe: "Mulher, onde estão aqueles teus acusadores? Ninguém te condenou?" E ela disse: "Ninguém, Senhor." E disse-lhe Jesus: "Nem eu também te condeno; vai-te e não peques mais".

– A Bíblia, João 8

A religião sempre se deteriora em moralidade. Moralidade é religião morta e a religiosidade é moralidade viva; elas nunca se encontram, elas não podem se encontrar, porque a vida e a morte nunca se encontram. Luz e escuridão nunca se encontram. Mas o problema é que eles são muito parecidos... o cadáver se parece muito com a pessoa viva. Tudo é semelhante à época em que a pessoa estava viva: o mesmo rosto, os mesmos olhos, o mesmo nariz, cabelo e corpo. Só falta uma coisa, e essa coisa é invisível.

A vida está faltando, mas a vida não é tangível e não visível. Então, quando um homem está morto, parece que continua vivo. E com o problema da moralidade, a coisa se torna mais complexa.

A moralidade se parece exatamente com a religião, mas não é. É um cadáver; cheira a morte.

A verdadeira religião é a juventude, é frescor – o frescor das flores e o frescor do orvalho da manhã. Religião viva – o que eu chamo de religiosidade – é esplendor, o esplendor das estrelas, da vida, da própria existência. Quando existe religiosidade não existe moralidade nenhuma – e ainda assim a pessoa é moral. Mas ela não tem ideia do que seja "moralidade". É apenas natural; ela segue você como sua sombra o segue. Você não precisa carregar a sua sombra; não precisa pensar na sua sombra. Não precisa olhar para trás várias vezes para ver se a sombra ainda está seguindo você ou não. Ela segue você – exatamente do mesmo modo, a moralidade segue uma pessoa religiosa. Você nunca a considera, você nunca pensa nela deliberadamente; é o seu sabor natural.

A moralidade se parece exatamente com a religião, mas não é. É um cadáver; cheira a morte.

Mas, quando a religião está morta, quando a vida desapareceu, então a pessoa começa a pensar continuamente sobre a moralidade. A consciência desapareceu, e a consciência se torna o único abrigo.

A consciência lhe pertence, a voz da consciência é emprestada

A voz da consciência é um pseudofenômeno. A consciência lhe pertence, a voz da consciência é emprestada. A voz da consciência é da sociedade, da mente coletiva; não surge do seu próprio ser. Quando você está consciente você age corretamente, porque seu ato é consciente, e o ato consciente nunca pode estar errado. Quando seus olhos estão totalmente abertos e há luz, você não tenta atravessar a parede, você vai pela porta. Quando não há luz e seus olhos não estão funcionando bem, naturalmente você tateará no escuro. Você terá que pensar mil e uma vezes sobre onde fica a porta: "Para a esquerda? Para a direita? Será que estou seguindo na direção certa?" Você tropeça nos móveis e tenta sair pela parede.

A pessoa religiosa é aquela que tem olhos para ver, que tem consciência. Nessa consciência, suas ações são naturalmente boas. Deixe-me repetir: naturalmente boas. Não que você as torne boas – bondade gerenciada não é bondade de forma alguma: é pseudo; é algo pretensioso; é hipocrisia. Quando a bondade é natural, espontânea, assim como as árvores são verdes e o céu é azul, assim também a pessoa religiosa é moral – completamente inconsciente da sua moralidade, consciente de si mesma, mas inconsciente da sua moralidade. Ela não tem ideia de que é moral, do que é bom, de que o que ela está fazendo é correto.

Da consciência surge a inocência; da consciência vem o ato correto – por conta própria. Não é preciso forçá-lo, não é preciso cultivá-lo, não é preciso praticá-lo. Por isso a moralidade tem uma beleza – mas não é mais "moralidade"; é simplesmente moral. Na verdade, é apenas uma maneira religiosa de viver.

Mas, quando a religião desaparece, então você tem que administrá-la. Você tem que pensar constantemente sobre o que é certo e o que é errado. Como você vai decidir o que é certo e o que é errado? Você não tem seus próprios olhos para ver; você não tem o seu próprio coração para sentir; você está morto e entorpecido. Você não tem a sua inteligência para analisar as coisas; você tem que depender da mente coletiva que o cerca.

A religiosidade tem um sabor – seja você cristão ou hindu ou maometano, não faz nenhuma diferença – uma pessoa religiosa é simplesmente religiosa; ela não é hindu nem maometana nem cristã. Mas uma pessoa moral não é apenas moral – ou ela é hindu ou cristã ou maometana ou budista, porque sua moralidade teve de ser aprendida a partir de fora. Se você nasceu num país budista, numa sociedade budista, você aprenderá a moral budista. Se você nasceu num mundo cristão, você aprendeu a moral cristã. Você aprenderá com os outros – e você tem que aprender com os outros, porque você não tem o seu próprio entendimento.

Portanto, a moralidade é emprestada – ela é social; é da turba; vem das massas. E vem para as massas de onde? Da tradição: as pessoas ouviram o que é certo e o que é errado, e carregaram isso através dos tempos. Está sendo passado de geração em geração. Ninguém se importa se é um cadáver; ninguém se incomoda se o coração ainda bate. Continua sendo transmitido de uma geração para outra. É monótono, morto, pesado; mata a alegria. Mata a celebração; mata o riso; torna as pessoas feias; torna as pessoas pesadas, monótonas, chatas. Mas tem uma longa tradição.

Outra coisa que é preciso lembrar: a religiosidade sempre nasce renovada. Em Jesus, a religião nasce outra vez. Não é a mesma religião que existiu com Moisés. Ela não veio de Moisés; não tem continuidade com o passado. É totalmente descontínua com o passado; ela sempre surge de novo.

Assim como uma flor surge na roseira, ela não tem nada a ver com as flores que vieram antes; é descontínua. Ela surge por conta própria – não tem passado, nem história, nem biografia. No momento, ela está lá – tão linda, tão autêntica e, no entanto, tão frágil. No momento, é tão forte, tão viva e, ao mesmo tempo, tão frágil. Ao sol da manhã, era tão jovem... à noite já terá murchado, as pétalas começarão a cair na terra de onde veio. Não deixará nenhum rastro para trás; se você for no dia seguinte, não a verá mais ali. Não deixou nenhuma marca; simplesmente desapareceu. Assim como surgiu do nada, voltou para o nada, para a fonte original.

A religiosidade é assim também. Quando ela acontece a um Buda, é fresca, jovem, como uma rosa; e desaparece, não deixa vestígios. Buda disse: "A religião é como um pássaro voando no céu, ela não deixa pegadas". Isso acontece com alguém como Moisés – ela é fresca, jovem novamente. Então, em Jesus – é fresca e jovem outra vez. Quando acontecer com você, não terá nenhuma continuidade; não virá de outra pessoa – de Cristo, de Buda, de mim; não virá de ninguém – surgirá em você, florescerá em você. Será um florescimento do seu ser, e então desaparecerá.

Você não pode oferecê-la a ninguém; não é transferível. Não se pode oferecê-la, ela não pode ser emprestada; não é uma coisa. Sim, se alguém quiser aprender, ela pode ser aprendida. Se alguém quiser absorvê-la, pode ser absorvida. Quando um discípulo aprende por estar perto de um mestre, ele absorve as vibrações do mestre, então também é algo que está acontecendo dentro do discípulo. Talvez o discípulo receba o desafio, a provocação, o chamado, de fora –, mas que surge, surge em você, totalmente em você. Não vem do lado de fora.

É como se você não soubesse que pode cantar: você nunca tentou, nunca pensou sobre essa possibilidade. Um dia você vê um cantor e, de repente, a música dele começa a pulsar ao seu redor. Num momento de despertar, você percebe que também tem uma garganta e um coração. Agora, de repente, pela primeira vez, você toma consciência de que havia uma canção escondida em você, e você a libera. Mas a música vem do seu âmago, surge do seu ser. Talvez o estímulo, o chamado tenha vindo de fora, mas não a canção.

Portanto, o mestre é um catalisador. Sua presença provoca algo em você; sua presença não funciona como uma causa. Carl Gustav Jung estava certo em trazer um novo conceito para o mundo ocidental – existe no Oriente há séculos – o conceito de sincronicidade. Há coisas que acontecem como causa e efeito, e há coisas que não acontecem como causa e efeito, mas apenas por sincronicidade. Essa ideia tem de ser compreendida porque irá ajudá-lo a compreender a diferença entre moralidade e religiosidade.

Moralidade é causa e efeito. Seu pai, sua mãe ensinaram algo a você; eles funcionam como a causa, e então o efeito continua em você. Você ensinará seus filhos; você se tornará a causa, e o efeito continuará em seus filhos. Mas, ouvindo um cantor, de repente você começa a cantarolar uma música. Não existe uma relação de causa e efeito. O cantor não é a causa e você não é o efeito. Você mesmo causou o efeito – você é a causa e o efeito. O cantor atuou apenas como uma lembrança, o cantor funcionou apenas como um agente catalisador.

O que aconteceu comigo, não posso dar a você. Não que eu não queira dar, não. Não pode ser dado; sua própria natureza é tal que não pode ser dado – mas eu posso apresentar isso a você, eu posso disponibilizar para você. Vendo que é possível, vendo que aconteceu com outra pessoa: "Por que não comigo?" De repente, algo faz um clique dentro de você. Você fica alerta para uma possibilidade, alerta para uma porta que está em você, mas para a qual você nunca olhou; você tinha se esquecido. Algo começa a brotar em você. Eu funciono como um catalisador, não como uma causa.

Religiosidade é sincronicidade, moralidade é causal

O conceito de sincronicidade simplesmente afirma que uma coisa pode dar início a algo em algum lugar sem ser a causa disso. Ele afirma que, se alguém toca uma cítara numa sala onde outra cítara foi colocada num canto, e se o artista for realmente um mestre, um maestro, a cítara que está parada ali no canto começará a pulsar – por causa da outra cítara que está sendo tocada na sala, da vibração, de todo o ambiente. A cítara que está parada ali no canto – ninguém está tocando nela, ninguém a está tocando – você pode ver suas cordas vibrando, sussurrando. Algo que estava escondido está vindo à tona; algo que não era manifesto está se manifestando. Religiosidade é sincronicidade; a moralidade é causal. A moralidade vem de fora; a religiosidade surge em você.

Quando a religiosidade desaparece, resta apenas a moralidade, e a moralidade é muito perigosa. Primeiro, você mesmo não sabe o que está certo, mas você começa a fingir; nasce o hipócrita. Você começa a fingir, você começa a mostrar que tudo o que você está fazendo está certo. Você não sabe o que é certo, e naturalmente, como você não sabe, você só pode fingir. Você vai continuar agindo como se soubesse, mas pela porta dos fundos. Da porta dos fundos, você terá uma vida, e da porta da frente, outra. Da porta da frente, você pode estar sorrindo; e da porta dos fundos, você pode estar chorando e soluçando. Da porta da frente, você vai fingir que é santo, e pela porta dos fundos você será tão pecador quanto qualquer outra pessoa. Sua vida se tornará dividida.

Isso é o que está criando a esquizofrenia em toda a consciência humana. Você se torna dois ou muitos. Naturalmente, se você é dois, há um conflito constante. Naturalmente, quando você é muitos, há uma multidão e muito barulho, e você nunca consegue ficar em silêncio. Você nunca pode descansar em silêncio – o silêncio só é possível quando você é um, quando não há mais ninguém dentro de você, quando você se compõe de uma única peça, não está fragmentado.

A moralidade cria esquizofrenia, personalidades divididas, divisões. A pessoa de moral não é um indivíduo, porque está dividida. Apenas uma pessoa religiosa é um indivíduo. A pessoa de moral tem uma personalidade, mas sem individualidade. "Personalidade" significa uma *persona*, uma máscara – a pessoa de moral tem muitas personalidades, não apenas uma, porque há muitas personalidades ao seu redor. Em diferentes situações, diferentes personalidades são necessárias; com pessoas diferentes, diferentes personalidades são necessárias. Para um ele mostra um rosto, para outro ele mostra outro rosto.

A pessoa continua mudando de rosto. Observe, e você verá como você vive mudando de rosto a cada momento. Sozinho você tem um rosto. No seu banheiro você tem uma cara, no escritório você tem outra.

Você já observou o fato de que, em seu banheiro, você fica mais infantil? Às vezes, você pode colocar a língua para fora na frente do espelho, ou pode fazer caretas, ou pode cantarolar uma melodia, cantar uma música, ou pode até dançar um pouco no banheiro.

Mas, se você perceber que seu filho está olhando pelo buraco da fechadura enquanto você dança ou mostra a língua na frente do espelho, você muda – imediatamente! O velho rosto volta, a personalidade do "pai": não se pode fazer isso na frente da criança; caso contrário, o que ela vai pensar? Que você também é como ela? E essa seriedade que você sempre mostra para a criança? Você imediatamente coloca outra expressão no rosto; você fica sério. A música desaparece, a dança desaparece, a língua desaparece. Você volta a incorporar a chamada personalidade de fachada.

A moralidade cria conflito em você porque cria muitos rostos. O problema é que, quando você tem muitos rostos, tende a esquecer qual é o seu rosto original. Com tantos rostos, como você pode se lembrar de qual é o seu rosto original? Os mestres zen dizem que a primeira coisa que um buscador deve conhecer é a sua face original, porque só então algo pode começar. Somente a face original pode crescer; uma máscara não pode crescer. Um rosto falso não pode ter nenhum crescimento. O crescimento só é possível se o rosto for original, porque apenas o original tem vida. Portanto, a primeira coisa a saber é: "Qual é a minha face original?" E é árduo porque há uma longa fila de rostos falsos, e você está perdido em seus rostos falsos. Às vezes você pode pensar: "Este é o meu rosto original". Se você se aprofundar nisso, descobrirá que esse também é um rosto falso; talvez seja mais antigo que os outros, por isso parece mais original.

Dizem que o Buda falou: "Prove-me de qualquer lugar e você encontrará o mesmo sabor de quando saboreia o mar. A partir deste lado, daquele lado, desta margem, daquela margem – prove o mar de qualquer lugar e ele é salgado". Buda diz: "Assim é o meu sabor. Prove-me enquanto estou dormindo; prove-me enquanto estou acordado; prove-me quando alguém estiver me insultando; prove-me quando alguém estiver me elogiando – você sempre encontrará o mesmo sabor, o sabor de um buda".

A pessoa religiosa é um indivíduo.

Esse é um fenômeno muito, muito complexo. Uma pessoa religiosa é uma pessoa totalmente diferente. Ela será capaz de perdoar; ela será capaz de compreender. Ela será capaz de ver as limitações dos seres humanos e seus problemas. Ela não será tão dura e tão cruel – ela não pode ser. Sua compaixão será infinita.

Seja moral, mas não moralista

Antes de entrarmos nestes sutras de Jesus, algumas coisas devem ser entendidas. Primeiro: o conceito de pecado; o conceito de ato imoral. O que é imoral? Como devemos definir a imoralidade? Qual é o critério?

Uma coisa é imoral na Índia, outra coisa é imoral na China. O que é imoral na Índia pode não ser imoral no Irã, e o que é moral na Rússia pode ser imoral na Índia. Existem mil e uma moralidades – como decidir? Porque agora que o mundo se tornou uma aldeia global, há muita confusão. O que é correto?

Comer carne é correto? É moral ou imoral? O vegetariano diz que é imoral. Muitos jainistas vieram até mim e disseram: "E quanto a Jesus comendo carne? Como pode Jesus ser uma pessoa iluminada – e você diz que ele é iluminado –, como ele pode ser? Ele come carne". Para um jainista é impossível conceber que Jesus possa ser iluminado, porque ele come carne. Os jainistas vieram até mim e perguntaram: "Como pode Ramakrishna ser iluminado? Ele come peixe. Ele não pode ser. Agora eles têm um critério muito definido com eles: o vegetarianismo.

Existem mil e uma moralidades. Se você continuar tentando decidir, estará em dificuldade; será impossível. Você vai enlouquecer; não será capaz de comer. Você não será capaz dormir; não será capaz de fazer nada. Agora, há uma seita jainista que tem medo de respirar. Respirar é imoral porque com cada respiração você vai matar muitas celulazinhas que vivem no ar ao seu redor. Eles estão certos! É por isso que o médico tem que usar uma máscara, para que não fique inalando coisas que se mexem ao redor dele, pegar infecções. Essa seita jainista tem medo de respirar; respirar tornou-se imoral. Caminhar tornou-se imoral – existem jainistas que não andam à noite porque podem matar alguma coisa no escuro, como uma formiga ou outra coisa. Mahavira nunca andou durante a noite e nunca se mexeu na estação chuvosa, porque há muito mais insetos por aí. O movimento torna-se difícil; a respiração torna-se difícil.

Se continuar olhando em volta, para todas as moralidades, você simplesmente enlouquece ou terá que cometer suicídio. Mas cometer suicídio é imoral! Se você ouvir todos os tipos de moralidade, parece que a coisa mais lógica a fazer é simplesmente cometer suicídio. Essa parece ser a coisa menos imoral. Um gesto e você está acabado; não haverá mais imoralidade –, mas esse ato também é imoral. Se você cometer suicídio, não estará morrendo sozinho, lembre-se disso. Não se trata apenas de matar uma pessoa. Você tem milhões de células no corpo que estão vivas, milhões de vidas dentro de você, que morrerão com você. Então você matou milhões de criaturas. Se você jejua, isso é moral ou imoral? Há pessoas que dizem que jejuar é moral, e tem gente que diz que jejuar é imoral. Por quê? Porque, quando jejua, você mata muitas células dentro de si mesmo; elas morrem de fome. Se você jejuar, um quilo do seu peso vai desaparecer todos os dias: você vai estar matando muitas coisas dentro de você. Diariamente, um quilo do seu peso vai desaparecer; dentro de um mês, você será apenas uma estrutura de ossos. Todas aquelas criaturas que costumavam viver dentro de você – criaturinhas minúsculas – todas vão morrer. Você matará todas elas.

Ou tem gente que diz que jejuar é como comer carne. Agora, isso parece muito estranho, mas é verdade, há uma lógica nisso. Quando um quilo do seu peso desaparece, para onde ele vai? Você o comeu! Seu corpo precisa desse tipo de comida todos os dias, e você vai substituindo por comida de fora. Se você não substituí-la por alimentos de fora, o corpo continua comendo porque o corpo precisa de comida a cada vinte e quatro horas; o corpo tem que viver. Precisa de um certo combustível; começa a comer sua própria carne. Fazer jejum é ser canibal.

Essas moralidades podem deixá-lo louco. Não há como escolher.

O que é moral para mim? Estar consciente é moral. O que você faz não é a questão. Se você estiver fazendo isso com plena consciência, seja o que for – é irrelevante o que seja, independentemente do fato do que seja –, se você está fazendo isso com plena consciência, é moral. Se você está fazendo isso na inconsciência, sem ter a mínima consciência, então é imoral. Para mim, "moralidade" significa "consciência".

A língua francesa parece ser a única língua que tem apenas uma palavra para designar dois conceitos: consciência e a voz da consciência. Isso parece ser muito, muito bonito – a consciência é a voz da consciência.

Normalmente, a consciência é uma coisa e voz da consciência é outra coisa. A consciência é sua; a voz da consciência é dada a você por outras pessoas, é um condicionamento.

> Torne-se cada vez mais consciente e você se tornará cada vez mais uma pessoa de moral – você não vai se tornar um moralista.

Viva de acordo com a sua consciência, torne-se cada vez mais consciente e você se tornará cada vez mais uma pessoa de moral – você não vai se tornar um moralista. Você se tornará moral e não se tornará um moralista. O moralismo é um fenômeno feio.

O Monte das Oliveiras está dentro de você

Agora os sutras:

Ele sempre costumava ir para as montanhas, cada vez que sentia que a sua consciência estava ficando empoeirada; seu espelho estava coberto de pó. Ele ia para as montanhas em solidão para limpar seu ser, para limpar sua consciência. É como você tomar um banho, e depois do banho você sente seu corpo fresco, rejuvenescido. A meditação é como um banho interior.

Ficar sozinho por alguns instantes todos os dias é uma obrigação; de outro modo, você acumulará muito pó, e por causa desse pó seu espelho não refletirá mais nada ou não refletirá corretamente. Pode começar a distorcer as coisas. Você já reparou? Uma única partícula de poeira entra no seu olho e sua visão fica distorcida. O mesmo vale para a visão interior, o olho interior – muita poeira vai se acumulando lá, e a poeira vem do relacionamento. Assim como quando você viaja por uma estrada poeirenta, você acumula poeira; quando você convive com pessoas que estão empoeiradas, você acumula poeira. Elas ficam espalhando sua poeira para todo lado; espalhando as vibrações erradas.

Jesus foi para o Monte das Oliveiras.

E elas não podem fazer nada a respeito; elas estão impotentes. Não estou dizendo para que você as condene. O que é que elas podem fazer? Se você for a um hospital, todo mundo lá está doente, e, se essas pessoas estão espalhando vírus por toda parte, elas não podem evitar. Quando expiram o ar, os vírus são liberados. Você não percebeu quando vai a um hospital para visitar alguém? Depois de apenas uma hora no hospital, você começa a sentir uma espécie de enjoo, e você estava perfeitamente saudável quando entrou. Apenas o cheiro do hospital, apenas o rosto das enfermeiras e dos médicos, e os equipamentos médicos e aquele cheiro peculiar de hospital, e todas as pessoas que estão ali doentes, e toda a vibração de doença e de morte sempre presente. Alguém está sempre morrendo. Basta ficar lá por uma hora e você fica deprimido; uma espécie de náusea surge em você. Ao sair do hospital, você sente um grande alívio.

Essa é mesma a situação no mundo. Todo mundo está cheio de raiva e violência, agressão, ciúme, possessividade; todo mundo é falso, pseudo e todo mundo é hipócrita – esse é o mundo. Você não sente, mas, quando alguém como Jesus está entre vocês, ele sente, porque ele vem das alturas. Ele desce das montanhas.

Se você for para o Himalaia, e, depois de viver no frescor do Himalaia por alguns dias, você volta para as planícies, você sente como o clima é empoeirado, feio, pesado. Agora você tem uma comparação. Você já viu as águas doces do Himalaia, aquelas fontes frescas correndo para sempre, e a água cristalina – e então a água da torneira municipal! Você tem a comparação. Apenas um meditador sabe que o mundo está doente; só um meditador sente que está tudo errado aqui. Quando um meditador convive com vocês, naturalmente ele sente muito mais poeira se acumulando nele do que você pode sentir, porque você perdeu toda sensibilidade. Você se esqueceu de que é um espelho. Você sabe apenas que é apenas um coletor de pó. Somente um meditador sabe que ele é um espelho.

Então Jesus vai sempre para as montanhas.

> Jesus foi para o Monte das Oliveiras. E de manhã cedo voltou ao templo, e todo o povo vinha ter com ele, e, assentando-se, os ensinava.

Só quando você esteve nas montanhas – e isso não significa que você realmente tenha que ir para as montanhas; não é um fenômeno externo. O Monte das Oliveiras está dentro de você. Se você puder ficar sozinho, se você puder esquecer o mundo inteiro por alguns segundos, você vai recuperar o seu frescor. Só então você vai poder ir para o templo, porque só assim você é um templo. Só então a sua presença no templo será uma presença real; haverá uma harmonia entre você e o templo.

Lembre-se, a menos que você leve o seu templo para o templo, não haverá nenhum templo. Se você simplesmente for ao templo e não levar seu templo dentro de você, ele é apenas uma casa. Quando Jesus entra numa casa, ela se torna um templo; quando você entra num templo, ela se torna uma casa – porque carregamos nossos templos dentro de nós. Aonde quer que Jesus vá, esse lugar se torna um templo; sua presença cria essa qualidade sagrada.

E de manhã cedo voltou ao templo, e todo o povo vinha ter com ele, e, assentando-se, os ensinava. E os escribas e fariseus trouxeram-lhe uma mulher apanhada em adultério. E, pondo-a no meio, disseram-lhe: "Mestre, esta mulher foi apanhada em adultério, no próprio ato, adulterando, e, na lei, nos mandou Moisés que as tais sejam apedrejadas. Tu, pois, que dizes?

Só quando você leva o templo e o frescor das montanhas e a virgindade das montanhas, só assim você pode ensinar. Você pode ensinar somente nesse caso, se você tiver o seu templo.

Essa é uma das parábolas mais importantes da vida de Jesus. Explore-a lentamente, delicadamente, cuidadosamente.

E os escribas e fariseus... Agora, nesse trecho, você pode ler "os moralistas e os puritanos". Naqueles dias, esses eram os nomes dos moralistas – os especialistas, os estudiosos –, os escribas e os fariseus. Os fariseus eram pessoas muito respeitáveis. Na superfície, muito morais, pretensiosos, com um grande ego. "Somos morais e todo mundo é imoral" – e sempre procurando e olhando para as falhas das outras pessoas. Toda a vida deles era sobre como exagerar suas próprias qualidades e reduzir as qualidades dos outros a zero.

E os escribas e fariseus trouxeram-
-lhe uma mulher apanhada em adultério.

Agora, quando você se dirige a um homem como Jesus, você tem que ir com humildade. Você tem que ir lá para aprender alguma coisa; você tem que ir lá para absorver alguma coisa; é uma oportunidade rara. E agora, aqui vêm esses tolos, e eles trazem uma mulher. Eles trazem sua mente comum – sua mente medíocre, sua estupidez – com eles.

Eles nem aprenderam a simples lição de que, quando você se dirige a um homem como Jesus ou Buda, você vai para participar, para partilhar da consciência dele; você vai se tornar íntimo dele. Você não traz os problemas comuns da vida lá fora; esses problemas são irrelevantes. Isso é desperdiçar uma grande oportunidade. Aquilo ia desperdiçando o tempo de Jesus – e ele não tinha muito tempo, apenas três anos de ministério. Esses tolos estavam perdendo tempo assim! Mas eles tinham uma certa estratégia; era uma armadilha. Eles não estavam realmente preocupados com a mulher. Eles estavam armando uma armadilha para Jesus. Era uma atitude muito calculista.

Agora, o que é adultério? Uma mente consciente dirá que, se você não ama um homem –, talvez o homem seja o seu próprio marido –, se você não ama o homem e dorme com o homem, é adultério. Se você não ama a mulher – e ela pode ser a sua esposa –, se você não a ama e dorme com ela, você está explorando essa mulher; você a está enganando. É adultério. Mas essa não é a definição dos fariseus e dos puritanos, dos escribas e dos especialistas. A definição deles é baseada na Lei; a definição deles não surge da consciência ou do amor. A definição deles surge do tribunal. Se a mulher não é sua esposa, e você foi encontrado dormindo com ela, é adultério. É apenas uma questão jurídica, técnica. O coração não é levado em conta, apenas a Lei. Você pode estar profundamente apaixonado pelo homem ou pela mulher, mas isso não deve ser levado em consideração.

>
> E os escribas e fariseus trouxeram-lhe uma mulher apanhada em adultério. E, pondo-a no meio, disseram-lhe: "Mestre, esta mulher foi apanhada em adultério, no próprio ato".

A mente inconsciente não pode levar em conta coisas superiores. Ela só pode levar em conta o mais inferior. O problema é sempre jurídico: é sua mulher, é sua esposa? Você é legalmente casado com ela? Então tudo bem, não é mais pecado. Se ela não é sua esposa, se você não é legalmente casado com ela... Você pode estar profundamente apaixonado, e pode ter imenso respeito pela mulher – você pode quase reverenciá-la, mas é pecado, é adultério.

Aquelas pessoas trouxeram essa mulher a Jesus e *disseram-lhe: "Mestre, esta mulher foi apanhada em adultério, no próprio ato"*.

Ainda outro dia eu estava lendo as memórias de um missionário cristão inglês, que foi ao Japão nos primeiros dias deste século. Ele foi levado a Tóquio. Seu anfitrião o havia levado com ele para lhe mostrar a cidade. Nos banhos públicos, havia homens e mulheres tomando banho nus. O missionário ficou muito chocado.

Ele ficou ali por cinco minutos, observou tudo, e então disse ao seu anfitrião: "Não é imoral – mulheres e homens tomando banho nus num lugar público?"

O anfitrião disse: "Senhor, isso não é imoral em nosso país. Mas, desculpe dizer, ficar aqui e assistir é imoral. Estou me sentindo muito culpado por estar com o senhor, porque é problema deles se eles querem tomar banho nus. Essa é a liberdade deles. Mas por que o senhor está parado aqui olhando para eles? Isso é feio, imoral". Agora o ponto de vista do missionário é muito comum, e o ponto de vista do anfitrião é extraordinário. Essas pessoas dizem: *"Mestre, esta mulher foi apanhada em adultério, no próprio ato"*.

E o que você estava fazendo lá? Você estava espiando? Que tipo de pessoa você é? O que você estava fazendo lá? Por que você deveria se preocupar? A vida dessa mulher é dela; como ela quer viver sua vida é problema dela – quem é você para interferir?

Mas o puritano e o moralista sempre interferiram na vida das outras pessoas. Eles não são democráticos; eles são muito ditatoriais. Eles querem controlar as pessoas, condenar as pessoas. Agora, o que aqueles homens estavam fazendo ali? E eles dizem: "*Mestre, esta mulher foi apanhada em adultério, no próprio ato*". Eles pegaram a mulher enquanto ela fazia amor.

"Garotos serão garotos"

Mais uma coisa: onde está o homem? Ela estava cometendo adultério sozinha? Ninguém jamais fez essa pergunta sobre essa parábola. Eu li muitos livros cristãos, mas ninguém nunca perguntou: "Onde está o homem?" Mas é uma sociedade de homens. É sempre a mulher que está errada, não o homem. O homem simplesmente ficará livre. Ele mesmo pode ser um fariseu, pode ser um homem respeitável –, mas a mulher tem que ser condenada.

Você não observou? As prostitutas são condenadas, mas onde estão os clientes? Onde estão essas pessoas? Eles podem ser justamente as pessoas que condenam as prostitutas. Puritanos são sempre pessoas feias. Eles não vivem, e eles não permitem que mais ninguém viva.

A única alegria deles é descobrir como matar a alegria dos outros, como matar a celebração de todos. Agora, o que aqueles homens estavam fazendo lá? Eles não tinham mais nada para fazer? Não tinham suas próprias mulheres para amar? Que tipo de homens eles eram? Eles deviam ser um pouco pervertidos, para sair por aí procurando alguém que estivesse cometendo adultério.

E onde estava o homem?

É sempre a mulher que é condenada – porque a mulher é a mulher, e o homem é o dominante, e todos os códigos da lei foram feitos por homens. Eles são muito preconceituosos, tendenciosos. Todos os tribunais dizem o que se deve fazer a uma mulher se ela for encontrada cometendo adultério, mas eles não dizem nada sobre o que deve ser feito ao homem. Não, eles dizem: "Garotos são garotos, e sempre serão garotos". É sempre uma questão da mulher. Mesmo que um homem estupre uma mulher, a mulher é condenada; ela perde o respeito, não o estuprador. Esse é um estado de coisas muito feio. Isso não pode ser chamado de religioso; é muito político – basicamente à favor dos homens e contra as mulheres.

Todos as suas chamadas moralidades têm sido assim. Na Índia, quando um marido morria, a esposa tinha que ir com ele para a pira funerária, só então ela era considerada virtuosa. Ela tinha que se tornar uma *sati*, ela tinha que morrer com seu marido. Se ela não morresse, isso significava que ela não era virtuosa. Isso significava simplesmente que ela queria viver sem o marido – ou talvez ela quisesse o marido morto! Agora ela queria liberdade; agora ela poderia se apaixonar por outra pessoa. Na Índia, acredita-se que não existe vida para a mulher depois que o marido morreu. O marido dela foi dela durante toda a vida; se o marido morre, ela tem que ir junto com ele.

Mas nada é dito sobre o homem caso a esposa morra – não há nenhuma prescrição para ele de que deveria morrer com a mulher; não, isso não é um problema. Imediatamente após a morte da mulher... na Índia, isso acontece todos os dias, o povo crema a mulher e, voltando para casa, começam a pensar num novo casamento: onde e como o homem pode encontrar uma nova mulher? Não se poder perder nem um único dia. Para o homem, há uma moralidade, para a mulher é diferente. É uma moral inconsciente, e ela é imoral.

Minha definição de moralidade é a da consciência, e consciência não é homem nem mulher. A consciência é apenas consciência. Somente quando algo é decidido pelo seu ser consciente que ela será sem classe, estará além das distinções de corpo, casta, credo. Só então é moral.

Esta era a armadilha. Eles queriam prender Jesus: "Moisés disse que tais mulheres devem ser apedrejadas". Nada é dito sobre o homem. Tais mulheres devem ser apedrejadas até a morte; Moisés disse isso. Agora eles estão criando um problema para Jesus. Se Jesus disser "Sim, faça como Moisés diz", eles podem acusá-lo porque ele sempre falou sobre amor, compaixão, bondade, perdão. Eles podem dizer: "E a sua compaixão? E o seu perdão? E o seu amor? Você diz que essa mulher tem que ser morta por apedrejamento? Isso é duro, cruel e violento". Companheiros complicados.

Se Jesus diz: "Isso não é certo. Moisés não está certo", eles podem dizer: "Então você veio para destruir Moisés? Então você veio para destruir e corromper nossa religião? E você tem dito para as pessoas: 'Eu não vim para destruir, mas para cumprir'. E agora? Se você veio para cumprir, então siga a lei de Moisés". Agora eles estão criando um dilema. É a armadilha. Eles não estão preocupados com a mulher; lembre: seu verdadeiro alvo é Jesus; a mulher é apenas uma desculpa. E trouxeram esse caso... é por isso que eles dizem *no próprio ato*, em flagrante. Então não é o caso de decidir se a mulher realmente cometeu adultério.

> Mestre, esta mulher foi apanhada em adultério, no próprio ato, adulterando, e, na lei, nos mandou Moisés que as tais sejam apedrejadas. Tu, pois, que dizes? Isso diziam eles, tentando-o, para que tivessem de que o acusar. Mas Jesus, inclinando-se, escrevia com o dedo na terra, como se não os ouvisse.

Caso contrário, Jesus teria uma desculpa para sair pela tangente. Ele diria: "Primeiro, procurem descobrir se isso realmente aconteceu. Tragam testemunhas. Que seja primeiro decidido". Levaria anos. Então eles dizem: "Em flagrante! Nós a pegamos no próprio ato. Nós somos todos testemunhas, então não se trata de decidir coisa nenhuma. A lei é clara; Moisés disse que tais mulheres deveriam ser apedrejadas"... *Tu, pois, que dizes?* Você concorda com Moisés? Se concorda, então o que nos

Atire a Primeira Pedra

diz do seu amor e da sua compaixão – de toda a sua mensagem? Se não concorda, o que você quer dizer quando diz 'Eu vim para cumprir'? Então você veio para destruir a lei de Moisés. Então, você se acha maior do que Moisés? Você acha que sabe mais do que Moisés?"

Por quê? Por que Jesus se curvou? Por que ele começou a escrever na terra? Eles estavam bem na margem de um rio. Jesus estava sentado na areia. Por que ele começou a escrever na areia? O que aconteceu?

É preciso entender uma coisa: é sempre um problema delicado. Por exemplo, se vejo que algo declarado por Buda está errado, há uma grande hesitação em dizer que ele está errado. Ele não pode estar errado. A tradição deve tê-lo interpretado mal; algo deve ter sido mal colocado em sua boca. Buda não pode estar errado. Mas agora não há como decidir, porque as escrituras dizem isso claramente. Jesus hesitando... Jesus está preocupado. Ele não quer dizer uma única palavra contra Moisés, mas ele tem que dizer, por isso a hesitação. Ele não quer dizer nada contra Moisés, porque Moisés não poderia ter dito isso dessa maneira. Jesus tem um sentimento interior de que Moisés não poderia ter dito dessa maneira. Mas o sentimento interior não pode ser decisivo. Essas pessoas diriam: "Quem

>
> [...] que dizes? Isso diziam eles, tentando-o, para que tivessem de que o acusar. Mas Jesus, inclinando-se, escrevia com o dedo na terra, como se não os ouvisse.

é você? Por que devemos nos preocupar com o seu sentimento interior? Nós temos o código escrito conosco, dado por nossos antepassados. Está lá, escrito claramente!"

Jesus não quer dizer nada contra Moisés, porque ele realmente veio para cumprir Moisés. Qualquer um que se torne iluminado no mundo está sempre cumprindo todos os iluminados que o precederam. Mesmo que às vezes ele diga algo contra eles, mesmo assim ele os está cumprindo, porque ele não pode dizer nada contra eles. Se alguém achar que ele está dizendo algo contra eles, então ele está dizendo algo contra a tradição, contra a escritura. Mas isso é como se ele estivesse dizendo algo contra Moisés, contra Buda, contra Abraão. Por isso, Jesus se curva. Ele começa a olhar a areia e começa a escrever. Ele está confuso sobre o que fazer. Ele tem que encontrar uma saída. Ele tem que encontrar uma saída, de tal forma que ele não diga nada contra Moisés, mas, mesmo assim, cancele toda a lei. Ele realmente encontrou uma resposta muito milagrosa, uma resposta mágica.

É realmente incrível, é lindo – essa foi sua hesitação. Ele encontrou um significado de ouro. Ele não disse uma única palavra contra Moisés, e ele também não apoiou Moisés. Esse é o ponto delicado a se entender. Jesus era de fato muito inteligente – sem instrução, mas

E, como insistissem, perguntando-lhe, endireitou-se e disse-lhes: "Aquele que dentre vós está sem pecado seja o primeiro que atire pedra contra ela".

extremamente inteligente, um homem de imensa consciência. É por isso que ele conseguiu encontrar a saída.

Ele diz: *Aquele que dentre vós está sem pecado...* Ele diz: "Certíssimo" – não diz diretamente que Moisés está certo, mas ele diz: "Certíssimo. Se Moisés disse isso, então deve ser assim. Mas então, quem deveria começar a atirar pedras nessa mulher?"

"Então comecem, mas só quem estiver sem pecado..." Agora, isso é algo novo que Jesus está introduzindo. Você só pode julgar se estiver sem pecado. Você pode punir apenas se você estiver sem pecado. Se você também está no mesmo barco, qual é o sentido? Quem vai punir quem?

Aquele que dentre vós está sem pecado seja o primeiro que atire pedra contra ela.

Por que ele se abaixou novamente? Porque ele ficou com receio de que sempre houvesse a possibilidade de algum tolo... Ele sabe que todo mundo ali tinha cometido um pecado ou outro. Se não cometeram um, estão pensando em cometer, o que é quase a mesma coisa. Se você pensar ou agir não faz diferença.

E tornando a inclinar-se, escrevia na terra.

Lembre-se, a diferença entre pecado e crime é esta: o crime tem que ser cometido, só então é crime. Você pode continuar pensando, mas se não o cometer, nenhum tribunal pode puni-lo porque nunca será um crime. Só o crime está dentro da jurisdição do tribunal, não o pecado. Então, o que é pecado? Pecado é se você pensar: "Eu gostaria de matar este homem". Nenhum tribunal pode fazer nada. Você pode dizer: "Sim, tenho pensado nisso a minha vida inteira". Mas pensar está além da jurisdição do tribunal. Você está autorizado a pensar. Nenhum tribunal pode puni-lo porque você sonhou que matou alguém. Você pode sonhar todos os dias e continuar matando quantas pessoas você quiser. Nenhum tribunal pode prendê-lo a menos que isso seja uma realidade, a menos que o pensamento se torne ação, a menos que o pensamento seja traduzido em realidade. Se o ato partir de você e afetar a sociedade, aí se torna um crime.

Mas é pecado, porque Deus pode ler seus pensamentos. Não há necessidade de ele ler seus atos. O magistrado tem que ler sobre os seus atos; ele não pode ler seus pensamentos; ele não é um leitor de pensamentos ou um leitor de mentes. Mas para Deus não há diferença; se você pensa ou faz, é tudo a mesma coisa. No momento em que você pensa, você já fez.

Então Jesus diz: *Aquele que dentre vós está sem pecado...* – não sem crime. Ele diz: *Aquele que dentre vós está sem pecado seja o primeiro que atire pedra contra ela.* Essa distinção ficou conhecida ao longo dos tempos – que se você pensa, você já cometeu um pecado.

E tornando a inclinar-se... Por que desta vez? Porque, se ele continuasse olhando para as pessoas, seu próprio olhar poderia ser provocativo. Se ele continuasse olhando para as pessoas, alguém, apenas pelo seu olhar, poderia se ofender e atirar uma pedra na pobre mulher. Ele não queria ofender; ele recua. Simplesmente se inclina e começa a escrever na areia – de novo, como se não estivesse ali. Ele se torna ausente, porque sua presença pode ser perigosa. Se eles vieram apenas para prendê-lo e ele ficasse ali, e eles sentissem sua presença, seria difícil para eles sentirem a voz da consciência, a própria consciência. Ele se fecha em si mesmo; dá a eles total liberdade para pensar.

Ele não interfere. Sua presença pode ser uma interferência; se ele continuar olhando para eles, vai ofender o ego deles. Também vai ser difícil para eles escapar, porque eles se sentirão mal. Alguém estava parado ali, ao lado do prefeito da cidade ou outra pessoa, pessoas respeitáveis... Como pode o prefeito escapar quando Jesus está olhando para ele? Se ele escapar e não atirar uma pedra na mulher, será prova de que ele é um pecador. Então Jesus se curva novamente, começa a escrever na areia, dá a eles uma chance – se quiserem escapar, eles podem.

Quando ouviram isso, convencidos pela própria consciência...

Jesus deixa cada um por si. Essa é a beleza do homem. Ele nem mesmo interfere com sua presença; ele simplesmente não está mais lá. A própria consciência dos homens começa a acusá-los. Eles sabem. Talvez eles tenham cobiçado aquela mulher muitas vezes, ou talvez no passado eles próprios tenham se deitado com aquela mulher. Talvez a

> Quando ouviram isso, convencidos pela própria consciência, saíram um a um, a começar pelos mais velhos – o prefeito! – até aos últimos.

mulher seja uma prostituta, e todos esses respeitáveis homens, por sua vez, tenham feito amor com ela. Porque uma prostituta significa que quase toda a cidade pode se envolver.

Na Índia, nos tempos antigos, as prostitutas eram chamadas de *nagarvadhu*: a esposa da cidade. Que é o nome certo. Todos aqueles homens devem ter se envolvido de uma forma ou de outra com aquela mulher ou com outras mulheres, se não em atos, em pensamentos. Meu sentimento é o de que deveria ser noite e o sol estava se pondo; estava escurecendo, e Jesus estava curvado, escrevendo na areia, e quando escureceu, aos poucos as pessoas começaram a ir embora.

Convencidos pela própria consciência

Primeiro os mais velhos se foram, porque, claro, eles já tinham vivido mais, portanto estavam pecando há mais tempo. Os jovens podiam não ser tão pecadores ainda; não haviam tido tempo suficiente. Mas os mais velhos foram embora primeiro. Aqueles que estavam de pé na frente devem ter andado lentamente para trás e escapado – porque aquele homem tinha criado realmente um grande problema; ele tinha mudado toda a situação. Eles tinham vindo para prendê-lo numa armadilha, e agora estavam eles numa armadilha! Você não pode prender alguém como Jesus ou Buda; é impossível – você ficará preso. Você existe num estado inferior da mente; como você pode prender alguém num estado mental mais elevado? Isso é simplesmente uma tolice. O estado superior pode prendê-lo imediatamente, porque a partir desse estado superior, todo o seu ser está disponível.

Ora, Jesus deve ter examinado a consciência daquelas pessoas – isso era possível para ele –, ele deve ter visto todo tipo de pecado naqueles homens. Na verdade, mesmo parados ali, eles estavam pensando na mulher e em como pegá-la. Talvez eles estivessem com raiva, porque outra pessoa havia cometido o pecado e ela não lhes dera oportunidade. Talvez eles estivessem apenas com inveja; talvez quisessem estar lá em vez do homem, que não tinha sido trazido. Jesus deve ter olhado do seu estado superior para o coração deles. Ele os pegara numa armadilha. Eles haviam esquecido completamente da própria armadilha, eles haviam se esquecido de Moisés e da lei etc.

Na verdade, eles nunca se preocuparam com Moisés e a lei. Isso também tem que ser entendido. Eles estavam realmente mais interessados em apedrejar a mulher, desfrutando do assassinato. Não que eles estivessem interessados em punir alguém que cometeu um pecado – aquilo era apenas uma desculpa. Eles não poderiam deixar passar aquela oportunidade de matá-la – agora, Moisés podia ser usado. Moisés tinha dito milhares de coisas; eles não estavam preocupados com elas. Não estavam interessados em todos aqueles ditados e afirmações, estavam interessados nisto: "Moisés disse que se poderia apedrejar uma mulher pega cometendo adultério". Eles não podiam desperdiçar aquela grande oportunidade de assassinato, de violência.

Se a violência pode ser cometida de acordo com a lei, quem vai perder a oportunidade? Eles não apenas apreciarão a violência,

>
> E, endireitando-se Jesus e não vendo ninguém mais do que a mulher, disse-lhe: "Mulher, onde estão aqueles teus acusadores?

como também vão gostar de sentir que são pessoas muito, muito legais e seguidores virtuosos de Moisés.

Mas, agora, eles esqueceram tudo sobre isso. Bastou uma leve reviravolta causada por Jesus, e eles se esqueceram de Moisés. Jesus mudou toda situação. Ele desviou a mente dos homens da mulher para si. Ele os converteu; ele os fez dar um giro – um giro de cento e oitenta graus. Eles estavam pensando na mulher e Moisés e Jesus, e ele mudou toda a atitude deles. Ele fez deles seu próprio alvo. Ele transformou a consciência desses homens.

Agora ele diz: "Olhem para dentro de si mesmo. Se vocês nunca cometeram um pecado, então... vocês têm permissão, podem matar essa mulher".

> Ela disse: "Ninguém, Senhor". O moralista está sempre condenando, acusando; o homem religioso sempre aceita, perdoa.

Agora ele não está dizendo: "Eu estou acusando você" – *onde estão aqueles teus acusadores?* Nem por um instante ele participou daquilo. Ele não julgou; não condenou. Ele não disse uma palavra para a mulher. Ele simplesmente disse: "*Mulher, onde estão aqueles teus acusadores? Ninguém te condenou?*"

Todos eles se foram? Algum dos homens jogou uma pedra em você?

Ela deve ter sentido um profundo respeito, reverência, por esse homem que não só a salvou fisicamente, mas que nem sequer a acusou de qualquer maneira. Espiritualmente ele também a salvou. Ela deve ter olhado naqueles olhos, cheios de amor e compaixão e nada mais. Esse é o homem religioso.

O moralista está sempre condenando, acusando; o homem religioso sempre aceita, perdoa.

Jesus diz: "Não há nada com que se preocupar no passado. Passado é passado; foi embora. Esqueça isso. Mas aprenda algumas lições com essa situação. Não continue cometendo os mesmos erros no futuro – se você acha que eles são erros. Eu não estou acusando você".

> O moralista está sempre condenando, acusando; o homem religioso sempre aceita, perdoa.

"Nem eu te condeno... Mas se você sente que fez algo errado, então é com você. Não faça isso de novo. Esqueça o passado e não continue repetindo os mesmos erros".

Essa é toda a mensagem de todos os budas e todos os cristos e todos os krishnas: esqueça o passado, e, se você entender, não faça isso novamente. É o bastante. Não há punição; não há julgamento. Se você fez algo, você estava perdido. Você está inconsciente; você tem suas limitações. Você tem os seus desejos, seus desejos insatisfeitos. Tudo o que você fez era a única coisa que você poderia ter feito. Então, qual é o sentido de se acusar e se condenando? A única coisa que pode ser feita é que sua consciência pode ser elevada.

Essa mulher deve ter passado para uma consciência superior. Ela deve ter ficado com medo de ser morta. Esse homem, com uma única declaração, salvou-a da morte. Não apenas isso, os acusadores desapareceram. Este homem fez um milagre. Não só fez com que eles não a matassem, como simplesmente os deixou envergonhados e fez com que fugissem como ladrões na escuridão da noite. Esse homem é mágico.

Agora, ele está dizendo: "Eu não a condeno. Se você sente que anda fazendo algo errado, não faça isso de novo. É o bastante". Ele a converteu.

Isso é o que as pessoas sob o efeito de LSD chamam de "contato alto". Jesus está no "alto"; se você entrar em estreita afinidade com ele, começará a se elevar. Isso é sincronicidade – não é causal. A mulher deve ter chegado ali quase condenando a si mesma, envergonhada de si mesma, pensando em cometer suicídio. Ele elevou aquela mulher, transformou aquela mulher.

Ela disse: "Ninguém, Senhor... Jesus torna-se Senhor; Jesus se torna Deus para ela. Ela nunca tinha visto um homem tão divino antes. Sem condenação, alguém se torna um deus. Sem julgamento, alguém se torna um deus. Apenas sua presença, uma única declaração, e aquelas pessoas se foram e ela foi salva. Não só salva fisicamente, mas espiritualmente intacta. Jesus não interferiu em nada. Ele não condenou; ele não disse uma única palavra. Ele simplesmente diz: "Não repita o seu passado" – nem uma única palavra a mais.

"Deixe o passado ser passado e o que se foi, se foi. Você se torna renovada. Tudo é bom, e você está perdoada".

Jesus transformou muitas pessoas ao perdoá-las. Essa foi uma das acusações contra ele: "Ele perdoa as pessoas. Quem é ele para perdoar? Alguém cometeu um pecado – a sociedade tem que puni-lo! Se a sociedade não pode puni-lo e ele escapa, então a sociedade prepara uma punição através de Deus – ele deveria ser lançado no inferno".

Os hindus também são muito contra a ideia de que Jesus pode perdoar você. A ideia cristã é imensa, tremenda, muito grande e cheia de potencial. Os hindus dizem que você terá que sofrer para expiar seus karmas passados; tudo o que você fez, você terá que desfazer. Se você fez uma coisa ruim, você terá que fazer algo bom. A coisa ruim e seu resultado virão; você terá que sofrer as consequências. Os hindus não concordam com Jesus. Nem os budistas nem os jainistas vão concordar, nem os judeus. Como ele pode perdoar?

Mas eu digo a você – um homem com esse entendimento pode perdoar. Não que por seu perdão você seja perdoado, mas apenas essa consciência, essa grande consciência pode lhe dar uma sensação de bem-estar.

"Nada está errado; não se preocupe; você pode apenas sacudir o passado como se fosse pó e sair dele". Essa mesma coisa vai lhe dar tamanha coragem, tamanho entusiasmo, que abrirá novas possibilidades e novas portas. Você está livre disso. Você vai imediatamente além disso. Daí surgiu a ideia da confissão cristã. Não funciona assim, porque o homem a quem você vai se confessar é um homem comum como você. Quando você está confessando, o padre não está realmente perdoando você; no fundo, ele pode estar até condenando você. Seu perdão é apenas um espetáculo. Ele é um homem comum; a consciência dele não é superior à sua.

Somente do superior pode fluir o perdão. Somente das altas montanhas os rios podem correr em direção às planícies. Apenas de alguém como Jesus ou Buda pode fluir o perdão. E quando há um homem como Jesus ou Buda, basta o seu toque, basta o seu olhar para perdoar todo o seu passado e todos os seus karmas.

Concordo plenamente com Jesus. Ele traz uma nova visão para a humanidade – alcançar a liberdade. O conceito hindu, jainista e budista é muito comum e matemático. Não tem nenhuma magia nele. É muito lógico, mas não contém amor. Jesus traz amor ao mundo.

Basta por hoje.

O Perdão nos Dias de Hoje: Respostas a Perguntas

Você apoia a pena de morte?

Não. Não apoio a pena de morte pela simples razão de que, se alguém mata uma pessoa, você mata essa pessoa para puni-la. [...] Essa pessoa cometeu um crime, e agora a sociedade está cometendo o mesmo crime como uma punição. Devido a essa pena, a pessoa que foi assassinada não vai voltar a viver. Antes havia apenas uma pessoa assassinada, agora, devido a essa pena, há duas pessoas assassinadas. Isso é pura bobagem.

Você não está sendo justo; você está simplesmente se vingando. Se você fosse justo, você enviaria o assassino para uma clínica psiquiátrica, para ser tratado. Algo está errado com a mente dele; alguma coisa está errada com a sua psicologia, pela qual ele não é responsável. Ele pode ser tratado.

Não apenas sou contra a pena de morte como sou contra todos os tipos de punição, porque a punição não muda a pessoa; na verdade, isso a torna um criminoso mais difícil.

Todo crime tem basicamente algo a ver com psicologia. A mente da pessoa não está da forma certa; ela precisa de cuidados, precisa de compaixão. Precisa do apoio da sociedade para que ela possa retornar à sociedade com dignidade e respeito.

Até agora temos sido muito assassinos, temos sido bárbaros. A civilização não aconteceu ainda. A pena de morte e todos os tipos de punição simplesmente provam nossas abordagens bárbaras.

Uma humanidade civilizada vai oferecer tratamento aos criminosos. Eles precisam ser enviados para hospitais, hospitais psiquiátricos, não para prisões.

> Uma humanidade civilizada vai oferecer tratamento aos criminosos. Eles precisam ser enviados para hospitais, hospitais psiquiátricos, não para prisões.

Qual é a lei do karma?

Na verdade não é uma lei, porque não há ninguém por trás dela que seja um legislador. Pelo contrário, é intrínseca à própria existência. É a própria natureza da vida: tudo o que você semeia, você colhe. Mas é complexo: não é tão simples; não é tão óbvio.

Para deixar mais claro, tente entender de forma psicológica, porque a mente moderna só pode entender se algo for explicado de forma psicológica. No passado, quando a lei do karma foi apresentada – quando Buda falou sobre isso e Mahavira também –, eles usavam analogias fisiológicas e físicas. Nós nos afastamos muito disso. Agora as pessoas vivem mais no psicológico, então esta explicação será útil.

Todo crime contra a própria natureza – todos, sem exceção – fica registrado em nosso inconsciente, o que os budistas chamam de *alaya vigyan*, o depósito da consciência.

Todo crime – e o que é um crime? Não é por causa do tribunal de Manu que é crime, porque aquele tribunal não é mais relevante; não é porque os Dez Mandamentos dizem que é crime – que também não é mais relevante. E não é porque um determinado governo diz que é crime, porque isso vai mudando: uma coisa é crime na Rússia e a mesma coisa não é crime nos Estados Unidos. Algo é crime de acordo com a tradição hindu, e a mesma coisa não é crime de acordo com a tradição muçulmana. Então, o que é crime? Tem que haver uma definição universal para isso.

Minha definição é esta: Aquilo que vai contra a sua natureza – aquilo que vai contra o seu eu, o seu ser – é crime.

E como você pode saber que algo é um crime? Sempre que você cometer esse crime, fica registrado em seu inconsciente. Está gravado de certo modo; fica gravado e começa a dar uma sensação de culpa. Você começa a se desprezar; você começa a se sentir indigno. Você começa a sentir que você não é como deveria ser. Algo dentro de você fica duro; algo se fecha dentro de você. Você não é mais tão fluido quanto antes. Algo se tornou sólido, congelado. Isso dói, traz dor e traz um sentimento de indignidade.

Inconscientes. Ela diz: "Registra". Eu gosto disso: "Registra". Tudo o que você faz se registra automaticamente. Se você amou, registra que você está amando; isso lhe dá um sentimento de valor. Se você tem sido uma pessoa cheia de ódio, raivosa, destrutiva, desonesta, isso registra e dá uma sensação de indignidade, um sentimento de ser algo abaixo do humano, um sentimento de inferioridade. E sempre que você se sentir indigno, você se sente cortado do fluxo da vida. Como você pode fluir com as pessoas quando está escondendo algo? O fluxo só é possível quando você se expõe, quando você está disponível, totalmente disponível.

Se você está traindo sua mulher e saindo com outra, você não pode estar totalmente com a sua mulher. É impossível porque isso registra: no fundo do seu inconsciente, você sabe que está sendo desonesto; no fundo do seu inconsciente, você sabe que traiu; no fundo do seu inconsciente, você sabe que tem que esconder isso, que você não pode revelar a traição. Se você tem algo a esconder, se você tem algo que precisa manter em segredo da sua amada, haverá distância. Quanto maior o segredo, maior será essa distância. Se houver muitos segredos, então você está completamente fechado. Você não pode relaxar com essa mulher, e você não pode permitir que essa mulher relaxe com você, porque sua tensão cria tensão nela. A tensão dela o deixa ainda mais tenso, e vai criando um círculo vicioso.

Sim, registra-se em nosso livro de registros, em nosso ser. Lembre-se: Deus não está mantendo livros de registros. Esse foi um jeito antiquado de dizer a mesma coisa. Seu ser é o livro. O que quer que você seja e o que quer que você faça está constantemente sendo registrado. Não que haja alguém escrevendo; é um fenômeno natural. Se você mentiu, fica registrado que você está mentindo, e agora você tem que proteger essas mentiras. E, para proteger uma mentira, você terá que contar mil mentiras, e, novamente, para proteger essas mil mentiras, você terá que continuar mentindo.

Pouco a pouco, você se torna um mentiroso crônico. A verdade passa a ser uma impossibilidade para você, porque agora é muito perigoso falar a verdade.

Veja como as coisas se encadeiam: se você conta uma mentira, essa mentira é um convite para muitas outras. Igual atrai igual. E agora a verdade não é bem-vinda, porque a escuridão das mentiras não deixa a luz da verdade entrar. Por isso que, mesmo quando as mentiras não correm o risco de serem descobertas, você não consegue dizer a verdade.

Se você falar uma verdade, ela será um convite para muitas outras verdades. Igual atrai igual. Se você é uma pessoa naturalmente confiável, é muito difícil mentir até uma única vez, porque toda essa verdade protege você. E esse é um fenômeno natural.

Não existe um Deus registrando tudo num livro.
Você é o livro.
Você é o Deus; o seu ser é o livro.

Não existe um Deus registrando tudo num livro. Você é o livro. Você é o Deus; o seu ser é o livro.

Abraham Maslow disse: "Se fazemos algo do qual nos envergonhamos, isso registra o nosso descrédito. E, se fazemos algo bom, isso registra o nosso crédito". Pode observar, você já viu isso acontecer.

A lei do karma não é uma filosofia, uma abstração. É simplesmente uma teoria que explica algo verdadeiro que existe dentro do nosso ser. O resultado é nós nos respeitarmos ou nos menosprezarmos e nos sentirmos desprezíveis, não merecedores e indignos de amor.

A cada momento, você está criando a si mesmo: ou uma graça vai surgir em seu ser ou uma desgraça. Essa é a lei do karma. Ninguém pode evitá-lo. Ninguém deve tentar enganar o karma, porque isso não é possível. Observe, e depois que você entender, as coisas começam a mudar. Depois que constata a inevitabilidade do karma, você se torna uma pessoa totalmente diferente.

Jesus disse que seu sacrifício na cruz foi para salvar o mundo dos pecados do homem. Por favor, você poderia comentar isso?

A primeira coisa a se entender sobre um homem como Jesus é que, seja qual for a igreja que inevitavelmente surge em torno desse homem, está fadada a dizer coisas erradas sobre ele. O que a igreja cristã diz sobre Cristo não pode ser verdade. Na verdade, o sacerdote cristão não representa Cristo de forma alguma. Ele é o mesmo velho rabino em novas vestes, o mesmo velho rabino responsável pelo assassinato de Jesus; o papa não é um tipo diferente de pessoa.

Não faz diferença se é uma instituição judaica ou uma instituição cristã ou uma instituição hindu; todas as instituições funcionam da mesma maneira.

Jesus é um rebelde, assim como Buda ou Lao-Tzu. Quando a igreja começa a se estabelecer, começa a destruir a rebeldia de Jesus ou do Buda, porque a rebelião não pode conviver com a instituição. Ela começa a impor suas próprias ideias – depois da morte de Jesus é muito fácil impor suas próprias ideias. Ela começa a selecionar o que manter na Bíblia e o que não manter. Muitas coisas foram descartadas; muitas coisas não foram incluídas nela.

Por exemplo, o Evangelho de São Tomé não foi incluído no Novo Testamento. Foi descoberto apenas alguns anos atrás – e é o evangelho mais importante. Os quatro evangelhos que foram incluídos não são nada comparados a ele, mas o Evangelho de São Tomé é muito rebelde. Parece que Tomé simplesmente relatou Jesus sem poluir ou contaminar a sua mensagem. Essa deve ter sido a razão pela qual o evangelho não foi incluído na versão autorizada do Novo Testamento. E os evangelhos que foram incluídos, eles também foram editados. Durante séculos, as conferências continuaram editando esses evangelhos, destruindo-os, distorcendo-os.

Conheço Jesus porque conheço a meditação. Meu conhecimento de Jesus não vem da Bíblia, não vem da teologia cristã. Eu conheço Jesus diretamente. Conheço Jesus porque me conheço; essa é a minha maneira de conhecer todos os Budas.

No momento em que você conhece seu próprio estado búdico, você passa a conhecer todos os Budas. A experiência é a mesma. Todas as diferenças estão na mente – no momento em que você transcende a mente, não restam mais diferenças. Como pode haver diferenças num vazio absoluto? Dois vazios só podem ser exatamente iguais. As mentes fatalmente serão diferentes porque consistem em pensamentos. Quando há nuvens no céu, cada nuvem é diferente, mas quando nuvens se vão, o céu é um só.

Eu não conheço Jesus pela teologia cristã, eu o conheço diretamente. E eu sei que ele não pode falar em termos de sacrifício – essa é a primeira coisa, a primeiríssima. Um homem como Jesus não fala em termos de sacrifício. É celebração, não sacrifício. Ele está indo ao encontro do seu Deus dançando, cantando. Não é sacrifício; ele não é um mártir. A igreja cristã tenta fazer dele o maior mártir, que se sacrificou para salvar o mundo dos pecados do homem. Em primeiro lugar, não é sacrifício – falar de sacrifício parece um tanto comercial –, é celebração! Jesus está celebrando sua vida e sua morte.

Em segundo lugar, ninguém pode resolver os problemas dos outros; ninguém pode ser a salvação do mundo. E você pode ver – o mundo ainda é o mesmo. Vinte séculos se passaram, e os padres cristãos continuam falando besteira, que Jesus se sacrificou pela salvação do mundo. Mas onde está a salvação do mundo? Ou ele fracassou, ele não conseguiu – isso eles não podem aceitar, que ele tenha fracassado. Então, o que aconteceu? O mundo parece ser exatamente o mesmo, nada mudou. A humanidade continua na mesma miséria.

Jesus não pode ter dito: "Eu vim para salvar o mundo". Mas sempre acontece quando uma igreja começa a se estabelecer: ela tem que criar tais ideias; caso contrário, quem vai ouvir os sacerdotes? Então Jesus é a salvação – não só isso, mas a única salvação.

Outra noite, eu estava dando uma olhada num livro: *Jesus, o Único Caminho*. Por que o único caminho? Buda não é um caminho? Lao-Tzu não é um caminho? Zaratustra não é um caminho? Moisés não é um caminho? Maomé não é um caminho? Existem infinitas maneiras de se chegar a Deus. Por que tornar Deus tão pobre? Apenas um caminho? Mas o padre cristão não está interessado em Deus, ele está interessado em criar um negócio. Ele tem que afirmar que Jesus é o único caminho e que todos os outros caminhos estão errados. Ele está em busca de clientes.

É por isso que toda religião cria fascistas e fanáticos. Toda religião afirma: "Meu caminho é o único caminho certo – apenas através de mim você pode chegar a Deus. Se seguir qualquer outro caminho, você está destinado ao inferno, você está condenado". Essa é uma maneira fascista de pensar, e cria fanáticos. Todas as pessoas religiosas são fanáticas, e o mundo tem sofrido muito com essa abordagem fanática. Agora é hora, a hora certa, de abandonar todos os tipos de atitude fascista e fanática.

Jesus é um caminho, mas o caminho tem que ser percorrido. O caminho pode se estender à sua frente; isso não vai ajudá-lo. Apenas por estar ali, apenas por ser crucificado, Jesus não pode ser a salvação do mundo – caso contrário, isso teria acontecido. Então, o que estamos fazendo agora? Então, o que os padres estão fazendo agora? O que o papa está fazendo agora? Se Jesus realmente fez a obra da salvação, então não há sentido em Maomé – Maomé veio depois de Jesus. Então, não há sentido em Nanak, o fundador do Sikhismo, não há sentido em Kabir. Jesus fechou a loja. Mas isso não aconteceu.

Buda diz: "Os Budas só podem apontar o caminho". Mas os discípulos fanáticos sempre querem fazer uma reivindicação. O que dizer sobre Jesus? Mesmo os jainistas afirmam que Mahavira veio ao mundo para a salvação da humanidade. Agora, isso pode ser um pouco relevante com Jesus, porque ele fala de uma maneira que pode facilmente ser mal interpretado, mas Mahavira é muito claro. Ele diz em termos absolutamente definidos que ninguém pode salvar o outro: "Eu não vim salvar ninguém. Se eu puder me salvar, isso é o suficiente". Mesmo um homem como Mahavira afirmou isso categoricamente, mas seus discípulos – os munis jainistas, os monges jainistas e os especialistas jainistas – vão afirmar que Mahavira veio para a salvação da humanidade.

Pela nossa infelicidade, pela nossa felicidade, nós sempre queremos que outra pessoa seja responsável.

Por que as pessoas buscam a humanidade? E como você pode administrá-la? Você não criou a infelicidade do mundo, então como você pode destruí-la? Se Jesus fosse a causa da infelicidade do mundo, então certamente ele poderia eliminá-la. Se ele fosse a pessoa que prendeu você, ele poderia abrir os portões, destrancar as portas e dizer para você sair, e você seria livre. Mas ele não é a pessoa certa para isso. Você já fez isso; seu inferno foi criado por você. O que Jesus pode fazer a respeito?

Mas essa lógica estúpida está entranhada na mente da humanidade. E é por um certo motivo: sempre queremos que outra pessoa seja responsável. Pela nossa infelicidade, pela nossa felicidade, nós sempre queremos que outra pessoa seja responsável.

Não queremos ser responsáveis – para evitar a responsabilidade, nós ficamos presos a esse tipo de ideia.

Agora, os cristãos dizem que Adão e Eva cometeram o pecado original, e toda a humanidade está sofrendo. Isso é tão patentemente tolo. Cientistas dizem que a humanidade existe há centenas de milhares de anos. Centenas de milhares de anos atrás, um casal, Adão e Eva, cometeu um pecado, e estamos sofrendo por isso – dá para imaginar coisa mais ridícula? Que você está preso porque, todos aqueles milhares de anos atrás, alguém cometeu um crime? Você não o cometeu; como você pode sofrer por isso? E de que pecado original eles estão falando? Não é nem original nem pecado.

O que Adão fez é um fenômeno simples; ele desobedeceu ao pai. Todo filho tem que desobedecer ao pai. A menos que uma criança desobedeça ao pai, ela nunca amadurecerá.

Não é nada original; é muito simples e natural. É muito psicológico. Chega uma idade em que todo filho tem que dizer não aos pais. Se ele não disser não aos pais, se ele não tiver coragem, ele será um covarde. Se ele não conseguir dizer não aos pais, ele será um escravo a vida toda. Ele nunca alcançará a individualidade.

Adão e Eva não cometeram nenhum pecado, eles simplesmente amadureceram. Disseram não, desobedeceram. Se o seu filho for para os fundos da casa e começar a fumar, não se preocupe muito; ele está simplesmente desobedecendo a você. Isso faz parte do crescimento. Se ele nunca desobedecer, fique preocupado. Leve-o ao psicanalista; há algo errado com ele. Se ele sempre obedece, então ele não tem alma, ele é anormal, ele não é normal.

> É apenas desobedecendo, rebelando-se, que uma criança chega à individualidade autêntica. Se os pais são sábios, os filhos serão felizes.

Fique feliz quando seu filho desobedece. Agradeça à existência que agora a criança começou a se tornar um indivíduo. É apenas desobedecendo, rebelando-se, que uma criança chega à individualidade autêntica. Se os pais são sábios, os filhos serão felizes.

E acho que Deus não pode ser tão tolo quanto os padres cristãos. Deus deve ter ficado feliz no dia em que Adão e Eva desobedeceram; ele deve ter se alegrado. Ele deve ter cantado uma música: "Agora meus filhos estão se tornando maduros". Não consigo vê-lo irritado. Não consigo conceber um Deus que não possa entender um fenômeno psicológico tão simples.

Você tem que conferir ao seu Deus um pouco mais de inteligência do que Sigmund Freud. É um fato muito simples da vida que toda criança tem que desobedecer. Não é pecado – a desobediência não é pecado. E o que isso tem de original? Não é nada único e não aconteceu apenas milhões de anos atrás; acontece cada vez que uma criança começa a crescer. Você verá isso acontecendo com seu filho; ali pela idade de 3 ou 4 anos, a criança começa a querer a sua liberdade.

É por isso que, quando você tenta se lembrar da sua infância, você só consegue se lembrar dos 4 anos de idade ou no máximo 3; antes disso, tudo é um breu. Por quê? Você não tinha individualidade, portanto, nenhuma memória. Você alcançou sua primeira individualidade quando tinha 3 ou 4 anos.

É por isso que digo que essa parábola de Adão e Eva tem tantos aspectos; nunca me canso de falar sobre isso de diferentes ângulos. Foi Eva a primeira a desobedecer; isso significa um ano à frente. Adão caiu em si um pouco mais tarde; na verdade, ele foi persuadido por Eva. Eva comeu o fruto primeiro, desobedeceu a Deus, e então Adão a imitou. Isso não é algo que só tenha acontecido uma vez, acontece sempre. Acontece com todas as crianças, e é bom que isso aconteça. É por volta dos 4 anos que a criança começa a sentir um tipo de individualidade própria, ela começa a se definir.

Lanahan, um prisioneiro político irlandês, escapou da prisão depois de cavar um túnel que dava no parquinho de uma escola. Quando ele surgiu ao ar livre, Lanahan não pôde deixar de gritar para uma garotinha: "Estou livre, estou livre!"

"Isso não é nada", disse a garota. "Eu só tenho 4 anos."

Há um momento em que a criança quer declarar ao mundo: "Estou aqui! Eu existo!" Ela quer se definir, e a única maneira de se definir é pela desobediência. Portanto, não há nada de original na desobediência e nada de pecaminoso; é um processo simples de crescimento. E o fato de o Cristianismo ter negado isso como um simples processo de crescimento não ajudou a humanidade a amadurecer.

Todas as religiões têm tentado manter a humanidade imatura, juvenil, infantil. Elas estão todos com medo de que, se a humanidade amadurecer, elas não terão mais valor, vão perder todo o brilho. Não poderão explorar uma humanidade madura; podem explorar apenas crianças.

Portanto, que pecado a humanidade cometeu para que fosse preciso que Jesus viesse trazer a salvação ao mundo?

Eu gostaria de deixar absolutamente claro que não há necessidade de salvação nenhuma. Em segundo lugar, se você sentir que há alguma necessidade, saiba que essa salvação não pode ser trazida por ninguém além de você, de você mesmo. Em terceiro lugar, você não está vivendo em pecado, você está vivendo a sua natureza – mas, se a natureza é condenada, você começa a se sentir culpado. E esse é o segredo comercial dos padres: fazer você se sentir culpado.

Eu não acho que Jesus tenha dito que seu sacrifício na cruz foi para salvar o mundo dos pecados do homem. Os padres devem ter imposto suas ideias sobre Jesus. O Novo Testamento foi escrito séculos depois e, depois, por séculos foi editado, alterado, e as palavras que Jesus falou estavam numa língua que não é mais viva, o aramaico. Não era nem mesmo hebraico – era um dialeto do hebraico, mas diferentes em muitos aspectos. Quando as palavras de Jesus foram traduzidas, primeiro para o grego, uma grande mudança aconteceu; elas perderam sua qualidade original, seu sabor.

Elas perderam algo muito essencial – sua alma. E, quando foram traduzidos do grego para o latim e o inglês, algo foi novamente perdido. Por exemplo, você pode meditar sobre algumas palavras. Arrependimento é uma das palavras-chave, porque Jesus a usa muitas vezes. Ele diz aos seus discípulos: "Arrependam-se! Arrepender-se, porque o Dia do Juízo está muito próximo". Ele repete tantas vezes isso que deve ter sido de grande valia para ele. Mas o que significa arrepender-se? Pergunte a um padre cristão, e ele dirá: "Essa é uma palavra simples; todo mundo sabe o que significa: arrependa-se dos seus pecados, arrependa-se da sua culpa, arrependa-se de tudo que você fez". E o padre pode ser útil; ele pode ajudar você nos caminhos do arrependimento. Mas a palavra de Jesus não tem nada a ver com arrependimento.

A palavra de Jesus para "arrependimento" significa simplesmente "voltar"; não significa "arrependimento" de maneira alguma. Significa "Entregue-se, retorne à fonte"; isso significa "voltar ao seu próprio ser".

É disso que se trata a meditação – retornar para a fonte, retornar para o centro do ciclone, retornar para o seu próprio ser.

Agora você pode ver a diferença. Quando você usa a palavra "arrependimento", ela tem algo de muito feio – pecado, culpa, o padre, confissão, esse é o clima da palavra "arrependa-se". Mas a palavra aramaica significa simplesmente "retorno à fonte", *retorno*. Volte, não perca tempo. E é assim com quase todas as palavras-chave.

É quase impossível entender Jesus através dos sacerdotes. O único caminho puro, o único caminho possível, é a introspecção, se voltar para dentro. Lá você encontrará a consciência de Cristo.

A única maneira de compreender Cristo é tornar-se um Cristo. Nunca seja cristão, seja um cristo. Nunca seja um budista, seja um buda. Nunca seja hindu, seja um krishna. E, se você quer ser um krishna, um cristo ou um buda, você não precisa estudar as escrituras, nem precisa perguntar aos estudiosos. Você terá que perguntar aos místicos como fazer isso. É exatamente isso que estou fazendo aqui: ajudando você a se tornar consciente de si mesmo.

E no momento em que você se conhece, você fica surpreso – você nunca cometeu nenhum pecado.

O pecado é uma invenção dos padres para provocar culpa em você. Você não precisa de nenhuma salvação. Tudo o que você precisa é que o sacudam um pouco para que você possa acordar. Você não precisa de padres. Você certamente precisa de pessoas despertas, porque só os despertos podem sacudir os que estão dormindo profundamente e sonhando. E a humanidade precisa ficar livre de culpa, livre da ideia de pecado, livre da ideia de arrependimento. A humanidade precisa de inocência, e os padres não permitem que você seja inocente; eles corrompem a mente das pessoas.

> O pecado é uma invenção dos padres para provocar culpa em você. Você não precisa de nenhuma salvação. Tudo o que você precisa é que o sacudam um pouco para que você possa acordar.

Cuidado com os sacerdotes. Eles são as pessoas que crucificaram Jesus – como podem interpretar as palavras de Jesus? Eles são as pessoas que sempre foram contra os budas, e a ironia é que eles acabaram se tornando os intérpretes.

Meus pais judeus não estão felizes com as escolhas que tenho feito na minha vida. O que devo fazer?

Jesus disse: "A menos que você odeie seus pais, você não vai conseguir me seguir". Agora, as palavras são muito estranhas – e elas vêm de um homem como Jesus. Elas são chocantes. Ninguém espera ouvi-las, pelo menos não da boca de Jesus, porque ele diz: "Ame seus inimigos como a ti mesmo" Não só isso, ele ainda diz: "Ame o próximo como a ti mesmo" – que é muito mais difícil do que amar seus inimigos! Mas, quando se trata de pais, ele é muito claro. Ele diz: "A menos que você odeie seus pais, não vai conseguir me seguir". Por que ele é tão duro com os pais?

Mas isso não é nada comparado ao Buda Gautama, que costumava perguntar a seus *bhikkhus* – seus *sanyasins*, seus discípulos: "Você já matou seus pais ou não?" Um homem como Buda, que é absolutamente não violento! Jesus não é tão pacífico, pelo menos ele come carne; ele não tem aversão a comer peixe. Buda é vegetariano, absolutamente vegetariano; ele é o maior proponente da não violência na Terra. E ele pergunta a seus discípulos repetidas vezes: "Vocês já mataram seus pais ou não?"

Claro que eles não queriam dizer isso literalmente, nem Jesus nem Buda, mas suas palavras são significativas. O que eles realmente querem dizer é uma grande mensagem; é metafórico. Você vai ter que entender a metáfora. Eles não estão preocupados com os pais externos, seu pai e sua mãe; eles estão preocupados com as impressões interiores que sua mãe e seu pai deixaram em você.

Não são os pais externos que estão dominando você. O que eles podem fazer? Você está aqui, e eles podem estar a milhares de quilômetros de distância, em algum lugar da Alemanha. O que é que eles podem fazer? Eles não podem dominar você. Mas você tem algo dentro de você: você tem ideias interiores, reflexões interiores, impressões, impressões dos seus pais, e essas ideias vão dominar você. Se eles não gostarem das escolhas que você fez na sua vida, então sua consciência sentirá culpa. Você vai sentir está magoando seus pais; que isso não é bom, que isso não deveria ser assim, que algo tem que ser feito. Mas os pais são sempre contra qualquer coisa que seja nova.

O pai de Buda não estava feliz com ele; ele estava muito infeliz, ele estava com raiva dele. Buda teve que fugir do seu reino – ele estava com medo de ser pego, porque detetives foram enviados para pegá-lo. Ele era o único filho do seu pai, e o pai estava envelhecendo; o pai tinha 70 anos quando Buda fugiu de casa. O pai estava com medo – quem iria herdar o reino dele? E histórias chegavam aos ouvidos dele, boatos, fofocas de todos os tipos: que Buda tinha se tornado um monge, que ele estava pedindo esmolas, que havia se tornado um mendigo. E claro, o velho rei estava ficando muito zangado: "Que bobagem é essa? O filho de um rei pedindo esmolas – por quê? Ele tem tudo – por que deveria pedir esmolas? E ele está pedindo de casa em casa, andando descalço e cercado por outros mendigos como ele. O que ele está fazendo? Ele me traiu na minha velhice!"

Era natural que ele estivesse com raiva, mas a verdadeira raiva tinha outro motivo. A raiva era porque Buda tinha ido contra a sua religião, contra a sua ideologia. Ele tinha ido contra tudo o que o pai representava – ele tinha ido contra o ego do pai.

Os pais de Jesus também não estavam felizes com Jesus. Eles eram judeus ortodoxos; como poderiam ser felizes com um filho que estava pregando coisas estranhas e que falava como se soubesse mais do que Moisés? Porque Jesus ficava dizendo: "Foi dito a vocês no passado, mas eu digo que está errado. Foi dito a vocês que, se alguém joga uma pedra em vocês, vocês devem reagir jogando uma pedra nessa pessoa. Mas eu digo a vocês que, se alguém bater na sua face, ofereça a outra face também".

Agora, isso era absolutamente contra a ideia judaica de justiça; parecia quase antijudaico, porque até o Deus judeu declara no Talmud: "Eu sou um Deus muito ciumento. Se você for contra mim, eu vou destruí-lo".

E ele destruiu duas cidades completamente. O que aconteceu em Hiroshima e Nagasaki, o Deus judeu fez três mil anos antes! Ele destruiu duas cidades pela simples razão de que as pessoas não estavam se comportando de acordo com a sua ideia de moralidade, elas estavam se tornando imorais. Ele destruiu duas cidades inteiras.

Ora, não era possível que todas as pessoas fossem imorais, e, mesmo que todas as pessoas fossem imorais, elas não poderiam ter sido imorais no mesmo grau. Também havia crianças pequenas; elas não poderiam ser imorais. Elas não sabiam nada de moral ou imoralidade. Também havia pessoas muito velhas; elas poderiam não ser imorais. Havia pessoas doentes, que não podiam nem mesmo sair da cama – que atos imorais elas poderiam cometer? Mas ele estava com tanta raiva que destruiu duas cidades apenas para dar uma lição à humanidade.

E este jovem Jesus está dizendo: "Perdoe". Ele estava indo completamente contra todas as ideias da religião judaica. Ele estava ensinando às pessoas novos conceitos, novas visões, novas formas de abordar Deus. Os pais ficaram com raiva.

Certa vez, Jesus estava pregando, cercado por seus discípulos e também por uma multidão. A mãe dele veio e alguém da multidão informou Jesus "Sua mãe está esperando lá fora e ela quer vê-lo com urgência". Segundo o relato, Jesus disse: "Diga a essa mulher" que ninguém é meu pai e ninguém é minha mãe e ninguém é meu parente. Todos os meus parentes são aqueles que estão comigo. Não tenho nada a ver com quem não está comigo. Diga a ela que vá embora".

Parece difícil, parece cruel, mas há uma razão para isso. Essas são todas histórias simbólicas. Eu não acho que isso tenha realmente acontecido. Eu não acho que Jesus diria: "Diga a essa mulher..." Mas a história diz algo. Você tem que abandonar a ideia do seu pai, da sua mãe, do seu núcleo mais íntimo; só então você se torna maduro. Se você carrega essa ideia, você permanece infantil; você nunca se torna maduro.

E nenhum pai, nenhuma mãe quer que você se torne realmente maduro, porque a maturidade significará que você se tornará livre.

Todas as chamadas religiões ensinaram você a respeitar seus pais pela simples razão de que, se você respeitar seus pais, você respeitará o passado. Você respeitará as tradições; você vai respeitar as convenções. Se você respeitar seu pai, você respeitará Deus, o Pai. Se você não respeita seus pais, então naturalmente você deixa de seguir a tradição, e nenhuma igreja pode permitir isso.

Eu não vou dizer para você não respeitar seu pai e sua mãe. Eu vou dizer que você só pode respeitar seu pai e sua mãe quando estiver completamente livre das suas impressões interiores de pai e mãe; caso contrário, seu respeito é falso, pseudo. Você só pode amar seu pai e sua mãe quando estiver completamente livre deles; caso contrário, você não pode amá-los. Você continuará zangado com eles. Ninguém pode amar ninguém a menos que se torne livre dessa pessoa. Se houver dependência de qualquer tipo, o amor permanece apenas como uma fachada; no fundo existe ódio. E toda criança odeia seu pai e sua mãe – toda criança, sem exceção. Mas o respeito é imposto de fora.

Apenas examine seu inconsciente, olhe lá no fundo de si mesmo, e você encontrará um grande fogo vingativo. Você quer se vingar dos seus pais. Você está com raiva porque eles são responsáveis pelo jeito como você é. É a maneira como eles criaram você que está fazendo com que você seja infeliz. É a maneira como eles condicionaram você que está deixando você aleijado e paralisado. Por isso, naturalmente, existe ódio.

Eu gostaria que você tomasse consciência disso, para que pudesse deixar isso de lado, porque tudo o que eles fizeram, fizeram de maneira inconsciente. Eles precisam ser perdoados. Perdoe ambos.

>
> Jesus diz: "Odeie o seu pai e a sua mãe". Buda diz: "Mate os seus pais". Eu digo para que você os perdoe – o que é muito mais difícil.

Jesus diz: "Odeie o seu pai e a sua mãe". Buda diz: "Mate os seus pais". Eu digo que você os perdoe – o que é muito mais difícil. Perdoe-os, porque, o que quer que tenham feito, eles fizeram sem saber; foram condicionados por seus pais, e assim por diante. Até mesmo Adão e Eva foram condicionados pelos pais deles, Deus. O condicionamento começou ali. Deus é responsável por condicionar Adão: "Não coma o fruto da Árvore do Conhecimento". "Não" tornou-se uma atração; essa é uma forma negativa de condicionamento. E se for dito enfaticamente que você não deve fazer uma determinada coisa, surge em você um grande desejo de experimentar, de provar aquilo. Por quê? Por que Deus está tão interessado? Porque a Árvore do Conhecimento não pode ser uma coisa ruim; saber não pode ser ruim. Se você se tornar sábio, o que há de errado nisso? A sabedoria é boa; o conhecimento é bom.

Certamente, Adão deve ter pensado consigo mesmo: "Deus está tentando impedir que eu me torne tão sábio quanto ele, para que eu nunca deixe de ser dependente dele, para que eu sempre peça seus conselhos, para que eu nunca viva sozinho, para que eu sempre seja apenas uma sombra para ele. Ele não quer que eu seja livre e independente". Essa é uma conclusão lógica e simples.

E foi isso também que o Diabo fez – ele usou o mesmo argumento. Ele disse a Eva... por que ele escolheu Eva, e não Adão?

Porque, se você persuadir a esposa, se a esposa estiver convencida, você não precisa se preocupar com o marido. Todo especialista em publicidade sabe disso; por isso a maioria dos anúncios é destinada a mulheres. Depois que elas são convencidas, ninguém consegue dissuadi-las, pelo menos não o marido delas. Eles têm que seguir o exemplo, têm que obedecê-la, porque a mulher vai submetê-lo a uma tortura contínua se ele não fizer.

O Diabo foi o primeiro especialista em publicidade. Ele foi o pioneiro, foi o fundador de toda a arte. Ele não se preocupou com Adão – ele deveria saber que todos os maridos são dominados, então por que se preocupar com eles? É melhor persuadir a esposa. Ele a persuadiu, e é claro que ela foi convencida, porque a lógica era muito clara. Ele disse: "Deus proibiu isso apenas porque ele não quer que vocês se tornem como deuses. Depois de comer o fruto da Árvore do Conhecimento, vocês serão como deuses. E ele está com ciúmes, ele está com medo. Será uma tolice se vocês não comerem. Sejam como deuses!"

E quem não gostaria de ser como um deus? Depois que surgiu a tentação, foi impossível resistir. Mas todo o condicionamento veio do próprio Deus; era um tipo negativo de condicionamento.

Seus pais não são responsáveis, na verdade. Uma pessoa inconsciente não pode ser responsabilizada; ela vive inconscientemente, não sabe o que está fazendo.

Você tem que se voltar para dentro de si mesmo e se purificar de todas as impressões que seus pais deixaram em você, tanto as negativas quanto as positivas. Então surgirá uma grande compaixão em você por seus pais, uma grande compaixão e uma grande gratidão também, porque tudo o que eles fizeram, eles fizeram (de acordo com eles, pelo menos) pensando que aquilo era bom. Eles não fizeram nada de errado com você de propósito. Mesmo agora, se eles são contra as suas escolhas, se eles não estão felizes com as suas escolhas, é porque eles acham que você caiu nas mãos erradas, que você se desviou da sua herança tradicional. Eles têm medo de que você se desvie, de que você pode sofrer mais tarde, pode se arrepender um dia. Eles sentem por você.

O amor deles é inconsciente, portanto você não precisa ouvi-los, mas você não deve ficar com raiva deles. Você tem que entendê-los.

Você diz: "Meus pais judeus não estão felizes com as escolhas que fiz na minha vida". Primeiro, eles são judeus. O judaísmo é uma das religiões mais antigas do mundo. Existem apenas duas religiões antigas no mundo: a religião judaica e a religião hindu. Quanto mais antiga é uma tradição, maior é o seu peso; ela esmaga mais as pessoas. Qualquer coisa nova é leve.

Meu pessoal pode caminhar com passos leves, quase dançando. Mas uma tradição de cinco mil anos tem um grande peso; é um passado longo demais. Eles não foram capazes de perdoar Jesus; como eles seriam capazes de perdoar você? E Jesus não se tornou um dos meus! Na verdade, ele nunca saiu da tradição; ele continuou sendo um judeu. Ele não era um cristão, lembre-se, porque não havia Cristianismo naquele tempo. O Cristianismo nasceu com a morte dele, com a sua crucifixão. Por isso sempre chamo o Cristianismo de "Cruzianidade"; não tem nada a ver com Cristo, tem algo a ver com a cruz. É por isso que a cruz se tornou o símbolo do Cristianismo – ela se tornou muito mais importante do que Cristo.

Eles não foram capazes de perdoar Jesus, e ele nunca saiu da tradição. Claro que ele estava dizendo coisas que pareciam um pouco estranhas, um pouco novas. Ele estava trazendo uma nova luz; ele estava limpando o espelho da consciência judaica, espanando a poeira antiga.

Tornar-se um dos meus é certamente muito mais perigoso, porque está saindo totalmente de todas as tradições. Não se trata apenas de mudar uma tradição por outra, é abandonar a própria mente, que é tradicionalíssima. É deixar de ser tradicional como tal; é se tornar não tradicional, não convencional. É pura revolução! E eles têm medo, naturalmente. Por muitas razões, eles têm medo.

E há alguma atração entre mim e os judeus. Atraí tantos judeus aqui que às vezes eu mesmo me pergunto: Será que eu sou judeu? Ou qual será o problema? Porque os judeus não costumam se sentir atraídos com tanta facilidade por ninguém. Eles não se sentiram atraídos por Jesus. Eles não se sentiram atraídos por mais ninguém. Por que eles vieram me procurar? Eu toquei algo profundo neles. Na verdade, eles sofreram com a tradição mais do que qualquer outro povo; essa é a razão por que ficaram tão interessados na minha visão, porque eu sou antitradicional. Eles gostariam de se livrar dessa tradição.

Um judeu e um homem negro estão sentados um ao lado do outro num trem. De repente, o judeu percebe que o negro está lendo uma revista hebraica. Ele fica em silêncio por um tempo, então sussurra para ele: "Escute, amigo, não basta ser negro?"

Seus pais podem ter medo: "Não basta ser judeu? Agora você quer sofrer mais?" Porque estar comigo vai ser perigoso. A liberdade é muito mais perigosa do que qualquer outra coisa no mundo. Liberdade é fogo: queima seu ego e, pelo fato de deixá-lo sem ego, fere o ego de muitas outras pessoas e elas se tornam suas inimigas.

E por isso os judeus são pessoas muito mundanas. Essa é a única religião que é muito mundana. Existem dois tipos de religiões: as religiões mundanas – os judeus representam a religião mundana – e as religiões transcendentais, por exemplo, o Budismo. Os budistas vão ficar contra mim, porque para eles eu pareço um pouco mundano, e, para os judeus, pareço um pouco do outro mundo.

Sou ambos: sou uma ponte. Minha visão é uma síntese porque eu não divido "este mundo" e "o outro mundo". Para mim, os dois são lindos. E é preciso viver nos dois mundos ao mesmo tempo, porque eles não estão separados. Eles são inseparáveis. A própria ideia de dividi-los foi uma grande calamidade.

Os judeus estão mais interessados no mundano do que no outro mundo. Agora, achando que você se tornou um meditador, eles estão com medo: "O que você está fazendo? Este é o momento de ganhar dinheiro. Este é o momento de se firmar no mundo. Não desperdice esse precioso tempo!" Segundo eles, quando você é jovem, você pode fazer alguma coisa; à medida que envelhece, você será cada vez menos capaz de ganhar dinheiro, ter poder, prestígio, fazer nome no mundo. Você está desperdiçando o teu tempo.

Seus pais devem estar preocupados com o que você está fazendo aqui. Um cara tão inteligente como você, perdendo seu tempo meditando? Você enlouqueceu ou algo assim, sentado em silêncio sem fazer nada?

É assim que um judeu deve se comportar? Tempo é dinheiro – não o desperdice! E, além disso, se seus pais são judeus ou não, pais são pais. Eles se sentem ofendidos – sentem-se ofendidos pela própria ideia de que você acha que sabe mais do que eles, que você está tentando novos caminhos, que você está tentando ser mais sábio do que seus pais.

Um judeu chega ao céu e Deus, num tom de voz cheio de compaixão, pergunta: "O que aconteceu com você?" Ele diz: "Eu estava com o coração partido. Quando meu único filho, meu orgulho e minha alegria, anunciou que tinha se convertido ao Catolicismo, senti uma dor terrível no peito..."

"Você não deveria ter se desesperado tanto. Até meu único filho fez o mesmo!"

"E o que o senhor fez, meu Senhor?"

"Fiz um novo testamento!"

Então, o que eles podem fazer? Farão um novo testamento – deixe que façam! Aprenda a perdoá-los. Eu não vou dizer para odiá-los, porque o ódio não é liberdade. Se você odeia alguém, você permanece preso a essa pessoa.

O ódio é um relacionamento. O amor é liberdade. O amor não é um relacionamento; o ódio é um relacionamento.

Por isso quem vive um relacionamento vive no ódio, não no amor. Amor é liberdade. Ame as pessoas e você está livre. Mas para amá-las, você terá que se purificar totalmente.

Eu não vou dizer a você, como o Buda Gautama, para matá-los, porque matar não vai ajudar. Compreenda seus pais. Tenha compaixão. Matá-los seria fazer algo com pressa; não é preciso ter pressa. E os pais foram tão fundo em você. Eles não estão apenas em seu sangue e em seus ossos; eles entraram na sua própria medula. Você não pode matá-los facilmente – é impossível. Você terá que cometer suicídio se quiser matá-los, porque só assim eles serão mortos. Eles entraram em seu ser: você faz parte deles, eles são parte de você. Mas por meio de uma compreensão profunda, você pode ficar livre deles.

Não vou sugerir que mate a sua mãe; meus métodos são muito mais sutis. O que Jesus disse e o que Buda disse são métodos muito primitivos. O que estou dizendo é muito mais sofisticado – perdoe seus pais, entenda-os. A questão toda é dentro de você; não tem nada a ver com os pais externos. Se você conseguir relaxar dentro de si mesmo e se conseguir sentir compaixão por eles, porque eles sofreram à sua maneira. [...] Eles desperdiçaram toda a vida deles, agora eles querem desperdiçar a sua vida, porque essa é a única maneira que eles sabem viver. Uma grande compaixão acabará surgindo em você, e com essa compaixão talvez você possa ser de alguma ajuda para eles, porque a compaixão funciona de maneira muito sutil. O amor é a maior magia do mundo.

Eu não vou dizer para você ir e ouvi-los e segui-los para satisfazê-los; isso não vai dar certo. Isso estará destruindo a sua vida, e isso também não os ajudará. Você tem que permanecer consigo mesmo e ainda assim ser compassivo e misericordioso. E se por acaso você for visitá-los, permaneça compassivo e misericordioso. Deixe-os sentir a sua compaixão, o seu amor, a sua alegria. Deixe-os sentir a sua celebração. Deixe-os sentir o que aconteceu com você por estar aqui. Deixe que eles vejam a diferença.

O pai do Buda continuou zangado até que Buda foi vê-lo. O pai estava tão cheio de raiva quando o viu que por alguns instantes ele nem conseguia enxergar o filho. Buda permaneceu em silêncio. O pai continuou insultando-o, dizendo: "Você causou uma ferida profunda em mim. Você quase me matou! Por que você veio agora, depois de doze anos? Eu esperei tanto tempo. Você não tem sido um filho para mim, você tem sido um inimigo!"

Buda ouviu e não pronunciou uma única palavra. Então, o pai, de repente, percebeu que o filho nem mesmo havia falado uma única palavra. Ele perguntou: "Por que você não está falando?" Buda disse: "Primeiro diga tudo o que você carregou por todos esses doze anos. Entre numa catarse, desabafe! Apenas quando você estiver aliviado, você será capaz de me ver. Há uma coisa que eu gostaria de dizer a você: que agora você está falando com outra pessoa, não para o seu filho. O homem que deixou o seu palácio não voltou. Ele morreu. Eu sou um homem totalmente novo. Eu vim com uma nova consciência, com um novo amor, com uma nova compaixão. Mas primeiro desabafe; caso contrário, seus olhos vão estar tão cheios de raiva você não poderá me ver. Deixe que seus olhos se purifiquem".

O pai tremia de raiva. Lentamente ele foi se acalmando; essa própria resposta o acalmou. Lágrimas de raiva escorriam pelos olhos dele. Ele enxugou as lágrimas e olhou novamente. "Sim, este não é o mesmo homem que deixou meu palácio; esta é uma pessoa totalmente diferente. Claro, o rosto é o mesmo, a figura é a mesma, mas é um ser totalmente novo – a vibração é outra".

Ele caiu aos pés de Buda e disse: "Inicie-me também, porque agora estou muito velho; a morte se aproxima. Eu também gostaria de provar algo do que você provou. E me perdoe, e perdoe toda a minha raiva. Eu não sei o que está acontecendo com você e o que aconteceu a você. É bom que tenha vindo. É bom que tenha se lembrado de mim, que não tenha me esquecido".

Portanto, sempre que você voltar, deixe-os entrar numa catarse primeiro. E, lembre-se, eles são pais alemães, então a catarse vai ser pior do que a do pai do Buda! Ouça silenciosamente. Não fique com raiva. Se você realmente quiser ajudá-los, permaneça meditativo, calmo e calado, e a sua calma os transformará.

E cada pessoa deve querer ajudar seus pais porque eles lhe trouxeram a este mundo. Eles criaram você da única maneira que sabiam; não era possível para eles fazer de outro modo. Tudo o que eles puderam fazer, eles fizeram, e eles fizeram para o seu bem. Se deu certo ou não é outra questão, mas suas intenções eram boas. Então, sempre que você voltar, lembre-se de ajudá-los.

Posfácio

Olhar para os outros é apenas uma forma de evitar olhar para si mesmo. Sempre que você criticar alguém, observe: é um truque da mente para que você possa perdoar a si mesmo. As pessoas continuam criticando os outros; enquanto criticam o mundo inteiro, eles se sentem muito bem. Em comparação, podem concluir que não são piores do que as outras pessoas; na verdade, eles são melhores. É por isso que, quando você critica alguém, você exagera, você vai ao extremo, você faz de um montículo uma verdadeira montanha. Você vai tornando a montanha cada vez maior, para que sua própria montanha pareça muito pequena. Você se sente feliz.

Pare com isso. Isso não vai ajudá-lo.

Tudo Sobre Osho

Este *website* é um abrangente portal *on-line* para tudo que diz respeito ao Osho, inclusive informações sobre seus livros, suas técnicas de meditação, os áudios e vídeos de suas palestras e os arquivos de texto pesquisáveis sobre suas palestras em inglês e hindi. Nesse site, você pode encontrar aplicativos para o seu celular ou assinar um "não pensamento por dia", tirar uma carta do *Tarô Zen de Osho* (publicado pela Editora Pensamento) e fazer uma leitura dessa carta. Você também pode assinar o boletim regular ou se tornar um assinante da rádio e da TV OSHO. Há uma loja onde você pode encontrar músicas para suas meditações ativas do Osho ou simplesmente ouvir músicas apropriadas para a meditação.

Essa página é atualizada regularmente para que você fique a par dos lançamentos de livros e tudo o que é publicado no jornal *on-line* OSHOTIMES. Ela também apresenta regularmente trechos das palestras de Osho, que esclarecem as questões mais comuns sobre Osho e seu trabalho ou tratam dos problemas sociais, políticos e ambientais mais prementes do nosso tempo.

Uma seção inteira dessa página é dedicada às Meditações **OSHO**, com atualizações frequentes e um conteúdo muito útil para aqueles que praticam esses métodos. Outra seção trata dos programas e das instalações oferecidas pelo **OSHO** International Meditation Resort, em Pune, na Índia, onde se pode viver uma experiência profunda da visão de Osho e do estilo de vida meditativo.

A **OSHO** International Online também oferece um programa extenso, além de meditações, cursos, grupos, Terapias Meditativas **OSHO**, sessões individuais e outras oportunidades de aprendizado *on-line* – tudo planejado para que você possa mergulhar dentro de si mesmo e descobrir o seu próprio ser.

Para mais informações sobre a **OSHO INTERNATIONAL ONLINE**, consulte:

www.OSHO.com/oshointernational,
oshointernational@oshointernational.com

Para mais informações:

www.**OSHO**.com

Este *website* é um abrangente portal *on-line* em vários idiomas, que inclui uma revista, os livros do Osho, as palestras do Osho em áudio e vídeo, além da **OSHO** Library, composta de arquivos de texto pesquisáveis em inglês e hindi, e informações extensas sobre as meditações do Osho.

Nesse *site*, você também pode encontrar a programação da **OSHO** Multiversity e informações sobre o **OSHO** International Meditation Resort.

Websites:

http://**OSHO**.com/AllAbout **OSHO**
http://**OSHO**.com/Resort
http://www.youtube.com/**OSHO**international
http://www.Twitter.com/**OSHO**
http://www.facebook.com/pages/**OSHO**.International

Para mais informações com a **OSHO** International Foundation, consulte:

www.osho.com/oshointernational,
oshointernational@oshointernational.com

Sobre o autor

Osho desafia categorizações. Suas milhares de palestras abrangem desde a busca individual por significado até os problemas sociais e políticos mais urgentes que a sociedade enfrenta hoje. Seus livros não são escritos, mas transcrições de gravações em áudio e vídeo de palestras proferidas de improviso a plateias de várias partes do mundo. Em suas próprias palavras, "Lembrem-se: nada do que eu digo é só para você... Falo também para as gerações futuras".

Osho foi descrito pelo *Sunday Times*, de Londres, como um dos "mil criadores do século XX", e pelo autor americano Tom Robbins como "o homem mais perigoso desde Jesus Cristo". O *jornal Sunday Mid-Day*, da Índia, elegeu Osho – ao lado de Buda, Gandhi e o primeiro-ministro Nehru – como uma das dez pessoas que mudaram o destino da Índia.

Sobre sua própria obra, Osho afirmou que está ajudando a criar as condições para o nascimento de um novo tipo de ser humano. Muitas vezes, ele caracterizou esse novo ser humano como "Zorba, o Buda" – capaz tanto de desfrutar os prazeres da terra, como Zorba, o Grego, como de desfrutar a silenciosa serenidade, como Gautama, o Buda.

Como um fio de ligação percorrendo todos os aspectos das palestras e meditações de Osho, há uma visão que engloba tanto a sabedoria perene de todas as eras passadas quanto o enorme potencial da ciência e da tecnologia de hoje (e de amanhã).

Osho é conhecido pela sua revolucionária contribuição à ciência da transformação interior, com uma abordagem de meditação que leva em conta o ritmo acelerado da vida contemporânea. Suas singulares **OSHO** Active Meditations têm por objetivo, antes de tudo, aliviar as tensões acumuladas no corpo e na mente, o que facilita a experiência da serenidade e do relaxamento, livre de pensamentos, na vida diária.

Dois trabalhos autobiográficos do autor estão disponíveis:

Autobiografia de um Místico Espiritualmente Incorreto, publicado por esta mesma Editora.

Glimpses of a Golden Childhood [Vislumbres de uma Infância Dourada].

OSHO International
Meditation Resort

Localização
Localizado a 160 quilômetros a sudeste de Mumbai, na próspera cidade moderna de Pune, na Índia, o **OSHO** International Meditation Resort é um destino de férias diferenciado. O Meditation Resort está espalhado por 28 acres de jardins espetaculares, numa bela área residencial arborizada.

Meditações do OSHO
Uma programação diária completa de meditações para cada tipo de pessoa inclui métodos tradicionais e revolucionários, e particularmente as **OSHO** Active Meditations. As meditações acontecem no que pode ser a maior sala de meditação do mundo, o **OSHO** Auditorium.

OSHO Multiversity

Centro de meditação e crescimento pessoal que engloba artes criativas, saúde holística, transformação pessoal, relacionamentos e transições de vida, transformando a meditação num estilo de vida para o dia a dia e o trabalho, em ciências esotéricas e numa abordagem "zen" para os esportes e a recreação. O segredo do sucesso da **OSHO** Multiversity reside no fato de que todos os seus programas são combinados com a meditação, apoiando a compreensão de que, como seres humanos, somos muito mais do que a soma das nossas partes.

OSHO Basho Spa

O luxuoso Basho Spa oferece a oportunidade de nadar ao ar livre, cercado por árvores e uma vegetação tropical. A espaçosa *jacuzzi* de estilo único, as saunas, a academia, os campos de tênis... tudo isto é realçado pelo seu cenário deslumbrante.

Alimentação

Uma variedade de diferentes praças de alimentação serve deliciosa comida vegetariana ocidental, asiática e indiana – a maioria cultivada especialmente para o Meditation Resort. Pães e bolos são assados na própria padaria do resort.

Vida noturna

Há muitos eventos noturnos a escolher – a dança está no topo da lista! Outras atividades incluem meditações de lua cheia sob as estrelas, *shows* de variedades, apresentações musicais e meditações para a vida diária.

Ou você pode simplesmente conhecer pessoas no Plaza Café, ou passear na serenidade noturna dos jardins deste ambiente de conto de fadas.

Instalações

Você pode comprar artigos de higiene pessoal na Galleria. A **OSHO** Multimedia Gallery vende uma grande variedade de produtos de mídia do Osho. Há também um banco, uma agência de viagens e um Cyber Café no *campus*. Para quem gosta de fazer compras, Pune oferece todas as opções, desde produtos tradicionais e étnicos indianos até lojas de marcas globais.

Acomodações

Você pode optar por ficar nos quartos elegantes da **OSHO** Guesthouse ou, para estadias mais longas no *campus*, pode selecionar um dos pacotes do programa **OSHO** Living-In. Além disso, há uma grande variedade de *flats* e hotéis nas proximidades.

www.osho.com/meditationresort
www.osho.com/guesthouse
www.osho.com/livingin